- 华南师范大学哲学社会科学优秀学术著作出版基金资助项目
- 华南师范大学经济与管理学院学术著作出版基金资助项目

中国制造业向服务型制造转型的机制、陷阱与对策研究

邓于君　蒋佩衿　著

华南理工大学出版社
·广州·

图书在版编目（CIP）数据

中国制造业向服务型制造转型的机制、陷阱与对策研究 / 邓于君，蒋佩衿著. —广州：华南理工大学出版社，2022.12
ISBN 978-7-5623-7259-2

Ⅰ. ①中… Ⅱ. ①邓… ②蒋… Ⅲ. ①制造工业－产业结构升级－研究－中国 Ⅳ. ①F426.4

中国版本图书馆 CIP 数据核字（2022）第 237510 号

Zhongguo Zhizaoye Xiang Fuwuxing Zhizao Zhuanxing De Jizhi、Xianjing Yu Duice Yanjiu
中国制造业向服务型制造转型的机制、陷阱与对策研究
邓于君　蒋佩衿　著

出版人：柯　宁
出版发行：华南理工大学出版社
　　　　　（广州五山华南理工大学 17 号楼，邮编 510640）
　　　　　http://hg.cb.scut.edu.cn　E-mail：scutc13@scut.edu.cn
　　　　　营销部电话：020-87113487　87111048（传真）
责任编辑：李秋云
责任校对：周　秦　梁晓艾
印　刷　者：广州小明数码快印有限公司
开　　本：787mm×960mm　1/16　印张：12　字数：203 千
版　　次：2022 年 12 月第 1 版　2022 年 12 月第 1 次印刷
定　　价：68.00 元

版权所有　盗版必究　　印装差错　负责调换

前　言

2015年国务院公布《中国制造2025》——中国版"工业4.0"规划，这一规划将"积极发展服务型制造"作为九大战略任务之一，彰显后者重要战略意义。为落实《中国制造2025》，工业和信息化部、国家发展改革委、中国工程院共同牵头制订、联合印发《发展服务型制造专项行动指南》（下文简称《指南》）。《指南》指出，服务型制造（即制造业服务化转型）是制造与服务融合发展的新型产业形态，是制造业转型升级的重要方向。

上述战略规划与专项行动指南揭示了中国制造业转型升级之路：顺应全球制造业发展潮流，推进互联网信息技术与制造业深度融合，由制造变为"智造"，由生产型制造变为服务型制造，使之更加契合市场需求，推动制造业服务化转型升级。服务型制造（即制造业服务化转型）是指为顾客提供完全符合其个性化需求的系统产品服务（有形实物产品+无形服务产品）或产品服务一体化解决方案。服务型制造是基于制造的服务，亦是面向服务的制造，它将有效提升制造业价值链，是当今全球制造业发展最显著的特征与趋势。因此，本书的主题具有重要现实意义。然而，制造企业服务化转型进程中并非是一帆风顺的，服务化陷阱客观存在，企业服务化水平提升非但不会提升制造企业的绩效，反而会降低其绩效。制造企业如何走出服务化陷阱，是亟需研究的重要现实命题。本书在剖析造成服务化陷阱原因的基础上，设计提出了中国制造业走出服务化陷阱的微观对策与宏观策略及解构最关键的对策及其具体实施举措。

全书分成四大部分：绪论、理论篇、实证篇、对策篇，共计八章。绪论即第一章，包括研究背景与意义、相关文献综述、研究内容与方法、可能创新之处等。理论篇包含第二、第三章，分析了制造业服务化转型的内在机理与动力机制。实证篇包含第四、第五章，在对中国制造业产出服务化与绩效进行统计归纳分析的基础上，实证分析中国制造业产出服务化对其绩效的影响，实证服务化陷阱客观存在。对策篇包含第六、第七、第八章，首先分析服务化陷阱的成因与构建中国制造企业走出服务化陷阱的微观对策总体思路，然后着重分析中国制造企业走出服务化陷阱最关键的微观对策——以嵌入式服务化模式取代混入式服务化模式，最后分析中国制造业走出服务化陷阱、实现服务化转型升级的宏观应对策略。

本书不仅对中国制造业走出服务化陷阱、突破转型进程中诸多障碍，通过服务化转型实现升级具有重要现实意义。而且一系列研究成果，如制造业向服务型制造转型的内在机理与动力机制、产出服务化对不同类型制造业绩效影响实证分析、服务化陷阱客观存在及其成因剖析、走出服务化陷阱的微观对策与宏观策略等内容，均具有一定的学术创新价值，亦有助于丰富产业经济学相关理论。本书力求抛砖引玉，为中国"工业4.0"规划实施与发展助力。

邓于君

2022年5月

目 录

第一章 绪论 ………………………………………………………………… 1
　第一节 研究背景与意义 ……………………………………………… 2
　第二节 相关文献综述 ………………………………………………… 3
　第三节 研究内容、研究方法与研究创新 …………………………… 6

理 论 篇

第二章 制造业向服务型制造转型的内在机理剖析 ………………… 13
　第一节 机理一：宏观层面——经济结构软化导致制造业服务化趋势
　　　　 ……………………………………………………………… 14
　第二节 机理二：中观层面——信息技术向制造业全方位渗透，催生
　　　　 服务型制造新业态 …………………………………………… 15
　第三节 机理三：微观层面——无形知识资产通用性强的制造企业通
　　　　 过向服务型制造转型获取范围经济 ………………………… 17
第三章 "互联网+"背景下中国制造业向服务型制造转型升级的动
　　　 力机制分析 ……………………………………………………… 21
　第一节 互联网信息技术促动市场需求向产品服务方向转变 ……… 22
　第二节 互联网信息技术全流程覆盖与集成应用为制造业对客户实施
　　　　 量身定制（MTM）创造条件 ………………………………… 23
　第三节 互联网信息技术促动制造业以客户为中心提供系统产品服务
　　　　 以获取竞争优势 ……………………………………………… 25
　第四节 互联网信息技术变革制造业营销模式以更好满足客户需求
　　　　 ……………………………………………………………… 26

第五节 互联网信息技术变革制造业组织体系：兼并或联盟服务机构以获取新竞争优势 ………………………………………… 27
第六节 互联网信息技术促动制造业共享"云资源"服务而实现要素利用社会化并达成外部经济 …………………………………… 29

实 证 篇

第四章 中国制造业产出服务化与绩效统计归纳分析 ……………… 33
第一节 中国制造业产出服务化广度分析 ……………………………… 34
第二节 中国制造业产出服务化深度分析 ……………………………… 51
第三节 实施产出服务化的中国制造业绩效分析 ……………………… 57
第四节 本章小结 ………………………………………………………… 60

第五章 产出服务化对中国制造业绩效影响分析——服务化陷阱客观存在 …………………………………………………………………… 62
第一节 基本假设与模型设定 …………………………………………… 63
第二节 指标选取、描述性统计与计量检验 …………………………… 65
第三节 三个层面的实证结果及分析 …………………………………… 69

对 策 篇

第六章 服务化陷阱产生的主要原因与中国制造企业走出服务化陷阱的微观对策总体思路 …………………………………………… 89
第一节 中国制造业服务化陷阱产生的主要原因 ……………………… 90
第二节 中国制造企业走出服务化陷阱的微观对策总体思路 ………… 92

第七章 中国制造企业走出服务化陷阱最关键的微观对策——以嵌入式服务化模式取代混入式服务化模式 ………………… 98
第一节 普通易耗消费品制造业两种嵌入式服务化模式：个性定制设计兼大规模定制生产结合模式与无工厂生产者模式 ………… 99

第二节　耐用消费品制造业三种嵌入式服务化模式：智能设计制造模式、多元金融服务模式与综合信息在线支持服务模式 …………………………………………………………… 103

第三节　个人电子信息产品制造业嵌入式服务化模式：移动互联网产业链资源整合模式 …………………………………… 108

第四节　基础原材料制造业两种嵌入式服务化模式：多元化供应链管理服务模式与电子商务模式 …………………………… 109

第五节　工程机械与交通机械制造业两种嵌入式服务化模式：精准化供应链管理服务模式与完善的设备维护保养模式 ………… 112

第六节　高度资本技术密集型的高端装备制造业嵌入式服务化模式：总集成、总承包的综合服务体系模式 …………………… 115

第七节　高端信息通信产业嵌入式服务化模式：基于客户战略目标构建复杂信息系统一体化解决方案 ………………………… 118

第八节　本章小结 …………………………………………………… 119

第八章　中国制造业走出服务化陷阱、实现向服务型制造转型升级的宏观应对策略 …………………………………………… 121

参考文献 ……………………………………………………………… 131

附录　《"互联网+"背景下广东制造业服务化的转型升级路径探索：机理、问题与对策》研究报告 ………………………… 136

后记 …………………………………………………………………… 182

第一章
绪 论

第一节 研究背景与意义

一、研究背景与现实意义

2015年国务院公布《中国制造2025》——中国版"工业4.0"规划,这一规划将"积极发展服务型制造"作为九大战略任务之一,彰显后者重要战略意义。为落实《中国制造2025》,工业和信息化部、国家发展改革委、中国工程院共同牵头制订、联合印发《发展服务型制造专项行动指南》(下文简称《指南》)。《指南》中指出,服务型制造(即制造业服务化转型)是制造与服务融合发展的新型产业形态,是制造业转型升级的重要方向。制造业企业通过创新优化生产组织形式、运营管理方式和商业发展模式,不断增加服务要素在投入和产出中的比重,从以加工组装为主向"制造+服务"转型,从单纯出售产品向出售"产品+服务"转变,有利于延伸和提升价值链,提高全要素生产率、产品附加值和市场占有率。《指南》还指出发展服务型制造的重大意义:是增强产业竞争力、推动制造业由大变强的必然要求;是顺应新一轮科技革命和产业变革的主动选择;是有效改善供给体系、适应消费结构升级的重要举措。

上述战略规划与专项行动指南揭示了中国制造业转型升级之路:顺应全球制造业发展潮流,推进互联网信息技术与制造业深度融合,由制造变为"智造",由生产型制造变为服务型制造,使之更加契合市场需求,推动制造业向服务型制造转型升级。制造业向服务型制造转型,是指为顾客提供完全符合其个性化需求的系统产品服务(有形实物产品+无形服务产品)或产品服务一体化解决方案。制造业向服务型制造转型是基于制造的服务,是面向服务的制造,它将有效提升制造业价值链,是当今全球制造业发展最显著的特征与趋势。因此,编写本书具有重要现实意义。然而,制造企业向服务型制造转型进程中,并非一帆风顺,服务化陷阱(文献中提及的"中期沦陷")客观存在,在陷阱区间,企业服务化水平提升非但不会提升制造企业绩效,反而会降低其绩效。制造企业如何走出其向服务型制造转型进程中易入的陷阱，是亟需研究的重要现实命题。本书在剖析造成服务化陷阱原因的基础上，设计中国制造业走出服务化陷阱的微观对策与宏观策略及解构最关键的对策及其实施举措。研究成果对中国制造业走出服务化陷阱，通过服务型制造真正实现价值链跃升与转型升级，具有重要现实意义。

二、理论意义与学术价值

本书关于制造业向服务型制造转型内在机理的经济学诠释，具有一定的理论创新价值。本书指出，制造业向服务型制造转型的内在机理在于：制造企业提供系统产品服务或产品服务一体化解决方案具有成本弱增性（subadditivity），此种属性使得制造企业在提供系统服务产品时，具有范围经济优势与竞争优势，这些优势根源于制造企业知识资产（技术、诀窍、管理、品牌、渠道与客户资源）的通用性（相对于资产专用性而言）、稀缺性与不可复制性。制造企业知识资产价值与成本弱增性成正相关关系，即知识资产价值越大，成本弱增性就越强，制造企业愈趋于向服务型制造转型升级，服务型制造企业知识资产的通用性质也因此得到进一步增强。关于制造业向服务型制造转型的文献研究，不少涉及若干动因分析，但全面深入分析此种转型内在机理与动力机制并对机理进行深度经济学诠释的文献鲜见。因此，本书研究内容一定程度上弥补了论题此方面研究的匮乏，具有一定的理论创新价值。此外，本书的系统性研究成果——内在机理与动力机制、产出服务化对不同类型制造业绩效影响实证分析、服务化陷阱客观存在及其成因剖析、走出服务化陷阱的微观对策与宏观策略等内容有助于丰富产业经济学理论，亦具有一定的学术价值。

第二节 相关文献综述

服务型制造是近几年才出现的中国政策用语，国内外学者的学术研究一般使用"制造业服务化"（servitization）一词，"服务型制造"与"制造业服务化"涵义相同。相关研究如下。

国外学者从以下三方面展开研究。

(1) 制造业服务化（服务型制造）基本涵义研究。Vandermerwe 和 Rada (1988) 最早阐述了制造业服务化（servitization）的涵义。他们认为，制造业服务化是指制造企业由仅仅提供物品或物品与附加服务，向"'物品+服务'包"（bundles）转变。完整的"'物品+服务'包"囊括物品、服务、支持、自我服务和知识，其中，"服务"在整个"包"中居于主导地位，是增加值的主要来源。Vandermerwe 和 Rada 还指出，服务化是优秀制造企业全部市场战略的崭新特征。传统产品或物品、服务观念已渐被"'物品+服务'包"理念替代。此后，对此类问题展开研究的一些学者，譬如 Davies A 等 (2005) 学者大多沿用了这一概念。Visnjic 和 Van (2009) 的定义有所差异，他们认为，互联网技术飞跃发展背景下，制造业服务化是制造企业为充分满足客户需求或客户对特定问题的愿望而提供产品相关服务或提供整体化解决方案的商业模式创新，提供整体化解决方案是制造业服务化的重要表现形式。

(2) 制造业服务化动因研究。互联网背景下，制造业服务化的动因主要可以分为三类：①经济收益因素，能够获得稳定、高边际收益的收入（Neely A.，2008）；②竞争优势因素及获得更多市场份额（Neely A.，2008）；③顾客因素，赢得顾客忠诚度（Oliva R. et al.，2003）。

(3) 制造业产出服务化对其绩效影响研究。Brax S. (2005) 认为，服务项目为制造企业创造利润从而改善后者财务绩效；Visnjic 和 Neely (2012) 却发现产出服务化虽在初期改善了制造企业的盈利能力，但服务化广度投资会侵蚀企业利润。就制造业产出服务化水准（解释变量）与制造业绩效（被解释变量）拟合构成的曲线形状，学者们得出不同结论：Fang E. 等 (2008) 就美国企业实证研究指出，制造企业服务收入水平与企业绩效呈"倒 U 形关系"；Kastalli 和 Looy (2013) 基于案例分析指出，制造业产出服务化水准与其利润率之间的关系，拟合而成的曲线呈现"马鞍形"特征，服务化初期企业能获得一定红利，但随服务化继续开展会出现盈利障碍，导致企业绩效"中期沦陷"（制造企业绩效随其服务化水准提升反而下降），不过随着企业开展服务项目经营上的积累，后期利润率可能又会出现回升。

国内学者主要从以下两方面展开研究。

（1）制造业服务化动因与服务化模式研究。刘继国（2009）对制造业服务化进行系统梳理，多角度归结制造业产出服务化趋势的形成原因。黄群慧和霍景东（2015）认为，随着经济全球化与互联网技术飞跃发展，以产业共生融合为特征的制造业服务化已成必然趋势。他们从产业融合的视角，分析制造服务一体化解决方案的内涵、动因、三种整体化方案模式与融合途径，并拟定相关对策举措。安筱鹏（2012）在探讨制造业服务化内在动力机制的基础上，从全球制造业实践中归纳提炼出互联网背景下制造业向服务型制造转型的数种模式及操作路径，为中国制造业服务化提供参鉴。

（2）制造业产出服务化对其绩效影响研究。黄婷婷（2014）、王丹（2016）实证研究得出相同结论：中国30多个代表性城市、上海市制造业产出服务化水准（解释变量）与制造业绩效（被解释变量）之间均呈"倒U形关系"；肖挺（2015）却得出不同结论，他认为食品、纺织制造业产出服务化——绩效曲线为"正U形"，而汽车、电子设备等制造业此曲线为"马鞍形"。陈丽娴（2017）分析中国制造业上市公司面板数据，得出产出服务化对制造企业绩效影响在时间上呈先升后降、后期再度上升态势。

评论及今后研究趋势如下。

国内外学者对制造业服务化的基本涵义、动因、模式以及制造业产出服务化与其绩效之间的相关性进行研究，研究成果具有重要参鉴价值。此论题研究还可继续深化。关于这一论题研究，有待从两方面深化：其一，现有研究多为分析制造业向服务型制造转型的若干动因，鲜少剖析这一现象的本质，因此亟须运用经济学原理深入揭示制造业向服务型制造转型的内在机理与动力机制；其二，现有研究提及制造业产出服务化与其绩效之间多呈非线性关系（U形、马鞍形等），存在"中期沦陷"，但未分析造成中期沦陷（陷阱）的原因及如何做才能尽早走出此沦陷（陷阱），因此亟须在剖析造成制造业服务化陷阱原因的基础上，拟定制造业尽早走出服务化陷阱的针对性对策，这对于中国制造业向服务型制造转型升级具有重要现实意义。本书拟深化上述两方面研究，努力取得具有理论与应用价值的成果。

第三节　研究内容、研究方法与研究创新

一、研究内容

本书分为四个部分：绪论、理论篇、实证篇、对策篇，共计八章。绪论即第一章。理论篇包括两章：第二章制造业向服务型制造转型的内在机理剖析；第三章"互联网+"背景下中国制造业向服务型制造转型升级的动力机制分析。实证篇包括两章：第四章中国制造业产出服务化与绩效统计归纳分析；第五章产出服务化对中国制造业绩效影响分析——服务化陷阱客观存在。对策篇包括三章：第六章服务化陷阱产生的主要原因与中国制造企业走出服务化陷阱的微观对策总体思路；第七章中国制造企业走出服务化陷阱最关键的微观对策——以嵌入式服务化模式取代混入式服务化模式；第八章中国制造业走出服务化陷阱、实现向服务型制造转型升级的宏观应对策略。

二、研究方法

本书主要采用以下研究方法：理论抽象分析法；实证分析法；归纳分析法。

第二章采用理论抽象分析法，采取高度抽象的理论分析方法，用经济学基础理论深刻诠释不同类型制造业向服务型制造转型共同的内在机理。第五章采用实证分析法，采取2012—2019年在沪、深两市挂牌交易的纺织服装、医药、通用设备、汽车、计算机通信及其他电子设备等九大制造业上市公司年报数据（取自国泰安CSMAR数据库），采用广义最小二乘法（GLS）进行模型回归拟合，除制造企业产出服务化这一主解释变量外，还考虑知识资产、资产通用性、企业规模、企业年龄、市场势力等数个控制变量（前三个亦是调节变量），亦考虑市场势力的中介效应，以求实证结果全面客观。第七章采用归纳分析法，通过研究多个中外制造企业向服务型制造成功转型的经典案

例，高度归纳提炼出七大类嵌入式向服务型制造转型模式，每一大类又分成若干种具体模式，共计七大类十二种制造业向服务型制造转型的模式，以供中国不同类型特质制造企业向服务型制造转型提供参考借鉴。

三、研究创新

（一）研究观点具有一定新意

·观点一

制造业向服务型制造转型的内在机理在于：系统产品服务（实物产品＋服务产品）具有成本弱增性，这使得制造企业在提供系统产品服务时，具有范围经济优势与竞争优势，此种优势来源于制造企业知识资产的通用性、稀缺性与不可复制性；制造企业知识资产价值与成本弱增性成正相关关系，即知识资产价值越大，成本弱增性就越强，制造企业愈趋于向服务型制造转型升级。本书第二章对制造业向服务型制造转型的内在机理进行经济学深度诠释，一定程度上弥补了产业经济学此论题研究的不足。

·观点二

"互联网＋"背景下，中国制造业向服务型制造转型的动力机制体现为以下六方面。机制一：互联网信息技术促动市场需求由产品导向产品服务导向转变，"客户至上"观念深入人心。机制二：互联网信息技术促动制造业实现以为客户服务为要旨的个性定制与柔性快速生产，互联网信息技术全流程覆盖与集成应用为实施量身定制（made to measure，MTM）创造条件。机制三：互联网信息技术促动制造业实现智能制造，以客户为中心提供系统产品服务或一体化产品服务解决方案，创造多个全新价值增值环节，获取新竞争优势与财务收益。机制四：互联网信息技术变革制造业营销模式以求更好服务客户满足需求，增强客户黏性。机制五：互联网信息技术变革制造业组织体系，促进制造业跨界产业融合与资源整合，并购服务机构，或与后者建立产业同盟或将部分业务外包给后者，通过向服务型制造转型升级，获取新的竞争优势。机制六：互联网技术可使制造业共享"云资源"服务，实现生产要素利用社会化，变革制造业资源配置方式，通过共享外部经济创造更大价值。

- 观点三

产出服务化对中国不同技术水准类制造业绩效的影响均呈非线性的三次函数曲线形状（"波浪型"或"飞龙型"），均存在凹拐点（见第五章），凹拐点左侧的区间体现为随着产出服务化水平提高制造业绩效不升反降，此区间称为"服务化陷阱"。不同于常规的制造业服务化对其绩效提升有所裨益的理论分析，现实在此区间出现悖论，值得所有推行服务型制造转型的中国制造企业高度重视！实施与已有产品在价值链上有匹配关系的"嵌入式"服务化模式，比开展陌生领域新业务的混入式服务化模式（如开发房地产业务），更有利于制造业走出服务化陷阱，成功实现转型升级。

- 观点四

造成服务化陷阱的主要原因涉及制造企业领导观念滞后、企业知识资产基础薄弱导致企业资产总体通用性较弱等，进一步分析是技术性人力资本积累不足且创新乏力、市场势力匮乏、组织架构落后、服务资源匮乏，最关键也是最直接的原因是混入式服务化模式易掉入陷阱（见第六章）。根据上述原因，设计出中国制造企业走出服务化陷阱的微观对策总体思路：第一，转变观念树立服务型制造理念；第二，夯实知识资产基础而增强资产通用性；第三，培养服务型制造人才并力促创新；第四，培育市场势力；第五，变革组织架构；第六，推动并购与联盟；第七，革新服务化模式——以嵌入式替代混入式服务化模式。第七项微观对策最重要，嵌入式服务化模式又分成七个不同类制造行业共计十二种具体嵌入式服务型制造转型模式，详见第七章。

- 观点五

中国制造业走出服务化陷阱实现向服务型制造转型升级，除依靠上述微观对策外，还需倚仗以下宏观应对策略。策略一：政府应积极宣传服务型制造理念并引导制造业早日树立此理念。策略二：应打造有利于中国制造业向服务型制造转型升级的财税金融政策体系。策略三：应积极组织实施推进制造业向服务型制造转型的科技专项行动。策略四：政府应积极培育且鼓励发展工业互联网平台并大力支持制造企业上云登录平台。策略五：政府应积极扶持制造服务业发展。策略六：政府应积极推动制造业在服务型制造转型领域中的国际合作，并加快服务型制造复合型人才的培养。

（二）研究内容具有一定新意

除了上述五个观点较具新意外，本书的创新之处还体现为研究内容较具新意。就研究内容而言，新意主要体现在以下三方面。

第一，目前研究制造业向服务型制造转型的文献大多分析制造业向服务型制造转型的动因，相对较为浅显。本书不仅依托"互联网+"时代背景全面深入研究其动力机制，而且更深层次地揭示了制造业向服务型制造转型的内在机理。

第二，目前研究制造业向服务型制造转型模式的文献，一般涉及向服务型制造转型的个别模式或三五个模式，较为单薄。本书从中外多个制造企业服务化成功转型经典案例中较全面归纳提炼出七类不同制造行业共计十二种嵌入式服务化模式，为不同类型、不同特质的制造业向服务型制造转型提供较全面的模式参鉴。

第三，目前有一些中外文献分析向服务型制造转型是非线性的，存在"中期沦陷"（服务化陷阱），但却未具体深入分析造成此沦陷（陷阱）的原因及以此为基础提出针对性现实对策。本书拟深入全面剖析服务化陷阱产生的原因并在此基础上提出针对性现实对策，既包括微观对策总体思路、关键性微观对策，也包括宏观应对策略。

理论篇

第二章

制造业向服务型制造转型的内在机理剖析

第一节　机理一：宏观层面——经济结构软化导致制造业服务化趋势

制造业向服务型制造转型的内在机理一体现为宏观经济层面：工业化后期及后工业社会时期，经济结构不断软化，制造业服务化转型升级顺应经济结构软化这一经济发展的必然趋势。

工业化后期及后工业社会时期，经济结构软化，即服务经济占国民经济比重渐趋上升是必然趋势。经济结构软化、服务经济比重上升的必然性体现如下。

第一，工业化后期及后工业社会时期，消费性服务需求愈趋旺盛是必然趋势。

这一时期，人均收入水平大幅提升，中产阶层等富足人群进入享受生活品质阶段，对能带来身心素质提升的各类消费性服务，如教育培训、心理咨询、旅游休闲、健美健身、保健医疗等服务产生旺盛需求，由此导致消费性服务需求上升，促进结构软化及服务经济比重上升。

第二，工业化后期及后工业社会时期，生产性服务需求增大是必然趋势。

这一时期，人均收入水平大幅提升，中产阶层等富足人群对制成品品质提出更高要求，制造业要向此类消费人群提供高品质制成品，而这主要依靠研发、设计、营销、售后维护与保养等生产性服务环节。有实力的制造企业可以选择自己提供设计研发、营销售后等生产性服务；实力不足或更趋向于专业化的制造企业可以选择外购或外置此类生产性服务，即将此类服务外包给生产性服务企业。制造业无论趋向哪一种途径获得生产性服务，都是其提升市场竞争力、创造更多附加值的必要条件。制造企业价值链可视为一条"两端高、中间低"的微笑曲线，首、尾两端分别为设计研发环节、营销售后环节，中间是单纯的生产制造环节。毋庸置疑，中间生产制造环节创造的附加值最低，首、尾两端的设计研发与营销售后环节却能赋予制成品差异性、难以复制性、高品质及品牌特色，从而提升制造企业市场竞争力，为其带来更多附加值。总之，工业化后期及后工业社会时期，生产性服务需求增大是必然趋势。

第三，工业化时期及后工业社会时期，服务供给增大亦是必然趋势。

这一时期，农业与工业的生产率水平较高，不需要太多劳动力，劳动力这一生产要素从农业、工业中转移出来，向服务部门及领域转移。此外，其他生产要素，如信息技术加速与服务业融合，资本在农业、制造业领域难以找到新增长点的情况下，也会更多流向新兴服务业。涌向服务部门领域的各类生产要素越来越多，导致服务供给必然增大。

综上所述，工业化后期及后工业社会时期，服务需求与服务供给两者共同作用、共同增大，必然导致服务经济比重增大、经济结构软化。因此，既然经济结构软化、服务经济比重增大是必然趋势、内在规律，那么制造业一定要遵循规律、顺应趋势，必定要选择服务化转型，方能获得更多增加值及长久市场竞争力，实现可持续性发展。

第二节　机理二：中观层面——信息技术向制造业全方位渗透，催生服务型制造新业态

制造业向服务型制造转型的内在机理二体现为中观行业技术层面："互联网＋"背景下，信息技术日新月异且具有强大溢出效应，新一代信息通信技术向制造业全方位辐射与渗透是必然趋势，此种产业融合新态势必然催生服务型制造（制造业服务化）、个性化定制等新型业态模式。具体体现如下。

其一，"互联网＋"背景下，新一代信息通信技术应用于制造业的研发设计领域，体现为集成化、虚拟化、多维化态势，催生出个性化定制小批量生产的服务型制造模式。

制造业的研发设计技术正经历从单项技术突破向集成应用方向的演变。CAD（计算机辅助设计）、CAPP（计算机辅助工艺计划）、CAM（计算机辅助制造）、CAT（计算机辅助测试）等制造领域的信息技术软件工具愈趋成熟，围绕产品研发设计，正以三维产品模型为核心，向产品设计、分析仿真、

工艺规划、数控加工及质量检测等一体化方向发展,使得产品设计开发周期更短、个性化定制及小批量快速生产能力更强,有利于制造业服务化转型新业态的生成。此外,制造业的研究设计技术在网络技术、系统仿真技术的推进下,向虚拟化方向发展。通过虚拟技术实现虚拟产品研制,减少实际模具使用以及各种高成本的实验投入,提高效率降低成本。此外,以三维CAD为代表的数字化设计已得到广泛应用,企业产品设计由二维走向三维、从三维转向数字样机,从简单计算和经验设计到复杂计算和优化设计,满足客户个性化定制与多样化需求,催生出个性化定制小批量生产的服务型制造模式[①]。

其二,"互联网+"背景下,新一代信息通信技术应用于制造业生产制造领域,体现为智能化、精准化、高速化态势,可精准快速满足客户多元化、个性化需求,催生个性定制、柔性制造等服务型制造模式。

以数控机床为例。数控机床是实现制造业信息化的基础单元,在信息技术、新材料技术、自动化技术推动下,数控机床技术的升级换代步伐不断加快,智能化、精准化、高速化成为机床的发展趋势。智能化体现为智能监控、智能控制、智能诊断、智能决策、智能维护技术等成为发展新趋势,数控机床及其制造系统加快与CAD、CAM、CAPP等的有机集成;精准化体现为数控机床正向超精密切削、超精密磨削、超精密研磨抛光以及超精密加工方向发展,数控机床的精度正在从微米级向亚微米级乃至纳米级发展;高速化是数控机床发展的重要趋势,围绕高速主轴单元、高性能数控系统以及数控工具系统的创新,成为数控机床发展的重要方向[②]。总之,正因为新一代信息通信技术应用于制造业生产制造设备,体现为智能化、精准化、高速化态势,才可精准快速满足客户多元化、个性化需求,催生个性定制、柔性制造等服务型制造模式。

其三,"互联网+"背景下,新一代信息通信技术应用于制造业管理系统,体现为集成化、网络化趋势,更好服务于客户多方面需求,促动制造企业服务化转型。

管理信息化是制造业信息化的重要组成部分,管理信息化正由基础管理

---

①② 安筱鹏. 制造业服务化路线图 [M]. 北京:商务印书馆,2012:60-63.

信息化向综合管理信息化发展。从技术发展趋势来看，主要体现为以下两个特征。第一个特征是集成化。制造企业在实现生产、销售、成本、采购等业务信息化的基础上，管理系统向综合集成方向发展。企业资源管理与客户关系管理相结合，实现市场、销售、服务的一体化。第二个特征是网络化。ASP（应用服务平台）成为中小企业管理信息化发展的趋势，它将为客户提供包括客户关系管理、进销存管理、人力资源管理等在内的信息服务，亦便于中小企业的业务合作、交易和协同。ASP需要数字化、网络化的业务联动支撑平台以及数据共享的行业标准[1]。在这一过程中，管理软件网络化的趋势越来越明显，客户将通过网络订购所需的应用软件服务，改变传统经营管理模式。总之，新一代信息通信技术应用于制造业管理系统，体现为集成化、网络化趋势，可以更好服务于客户多方面需求，促动制造企业服务化转型。

第三节　机理三：微观层面——无形知识资产通用性强的制造企业通过向服务型制造转型获取范围经济

制造业向服务型制造转型的内在机理三体现为微观企业层面：无形资产价值高的专业化制造企业，服务化转型升级可获取范围经济优势与竞争优势，原因在于此类制造企业无形资产具有通用性、稀缺性与不可复制性，其中资产通用性是最关键因素。

《企业规模经济与范围经济》一书的作者钱德勒，早已注意到制造企业为了实现扩张而开始为其客户提供包括配送、安装、服务、修理和信贷等服务。他在书中指出，如果交易是复杂的，如果需要专业知识来销售、安装和维护产品并且提供必要的信贷安排，并且如果需要昂贵的专业化设施来分发货物，那么由制造企业提供这些产品和服务的范围经济就会越来越明显[2]。

---

[1] 安筱鹏. 制造业服务化路线图[M]. 北京：商务印书馆，2012：60-63.
[2] 钱德勒. 企业规模经济与范围经济[M]. 北京：中国社会科学出版社，1999：16.

他最早指出了专业化制造企业趋向服务化转型的内在动因——可获取范围经济。

无形资产价值高的专业化制造企业服务化转型可获取范围经济，这一行为根源于资产通用性。而经济学中最早出现的相关概念是资产专用性，资产通用性是相对于资产专用性而言的。

资产专用性是指用于特定用途后被锁定很难再移作其他性质的资产，若改作他用则价值会降低，甚至可能变成毫无价值的资产。一般而言，资产专用性可分成五种类型：①场地专用性，指为节约库存和运输成本而被排列的相互密切联系的一系列站点；②物质资源专用性，比如生产某零件所必需的专用模具；③以干中学方式获得的人力资本专用性；④专项资产，主要指根据客户的紧急要求特意进行的投资；⑤品牌资产专用性，包括组织或产品的品牌和企业的商誉等。

资产通用性，相对于资产专用性而言，是指资产替换使用程度及其与其他资产结合使用的程度。简言之，资产可以挪作他用，此时成本弱增，可产生价值增值。

成本弱增性的概念，由夏基、鲍莫尔在研究自然垄断时提出。所谓成本弱增性（subadditivity），是指由一个企业生产一定数量产品（既可是单一产品，也可是多产品的组合）的成本小于多个企业分别生产同等数量产品的成本之和。生产提供单一产品的成本弱增性体现为规模经济，生产提供多种产品（如实物产品+服务产品）的成本弱增性体现为范围经济①。

品牌、渠道、客户资源及技术诀窍、管理系统等无形资产具有通用性。此种通用性体现为：无形资产价值高的制造企业由原先单纯提供产品改向为客户提供有形实物产品+无形服务产品时，不会产生成本剧增，只体现为成本弱增，并且由于提供附加值较高的服务可产生较大的价值增值，促使此类企业享有范围经济优势。

第一，品牌这一无形资产具有通用性。当制造企业的有形实物产品在客户群中具有相当美誉认可度并产生客户黏性之后，品牌扩散效应可以充分展

---

① 安筱鹏. 制造业服务化路线图［M］. 北京：商务印书馆，2012：37.

现出来，此时，制造企业如再推出相应系列附加服务，就极易被客户认可接受。客户会像信任品牌实物产品一般，信任同一品牌制造商提供的无形服务产品，制造企业因此产生成本弱增性，在节省大量广告营销费用的同时，因服务创造出更多附加值，最终生成范围经济优势。

第二，渠道这一无形资产具有通用性。企业渠道是指将企业的实物产品或服务产品提供传递给客户的途径。当企业提供附加服务时，往往可以依托原先提供实物产品的渠道网络，节省开设新的渠道所需的场地费、租金费、人工费等费用。即便增加相关服务人员费用，也是成本弱增，因服务创造了更多附加值，故而生成范围经济优势。

第三，客户资源这一无形资产具有通用性。制造企业在长期经营与激烈竞争中，所赢取的客户资源是企业获得长期竞争优势的一项重要无形资产。客户对制造企业的信任与认可千金难求！基于这种信任与认可，会产生客户对制造企业及其品牌的黏性，客户继而会认可企业在实物产品基础上推出的附加服务。制造企业因此减少与客户之间的沟通与交易成本，产生成本弱增与范围经济优势。

第四，技术诀窍这一无形资产具有通用性。制造企业提供的产品与后续的服务之间，天然就具有强烈的技术相关性。制造企业全程掌握实物产品全生命周期过程中的各种技术参数，为开展后续服务奠定相关基础。如不少交通工程机械设备类制造企业根据相关技术参数，为客户提供一系列后续服务，如融资租赁、在线交易、电子商务、物流配送、在线诊断、维修保养，等等。制造企业提供实物技术产品的同时，附加相关技术服务，可节省技术服务人员费、技术开发费、信息资源费等费用，实现成本弱增，创造更多附加值，生成范围经济优势。

第五，管理系统这一无形资产具有通用性。制造企业在长期残酷的市场竞争中，形成有生命力且独具特色的管理生态系统，涵盖管理体系、组织模式及管理文化等内容，这一无形资产具有通用性。制造企业为客户提供实物产品与提供无形服务，均可共享企业独具特色的管理系统，减少人事、行政、财务、后勤等诸多部门管理费用，实现成本弱增。现在，一些制造企业管理系统已包含若干直接面向客户的服务体系，如产品全生命周期管理（PDM）、供应链管理（SCM）、客户关系管理（CRM）等，这些服务体系基于实物产品，全面为客户考虑，全方位提供服务，创造更多增加值，促进企业形成范围经济优势。

综上所述，正是由于品牌、渠道、客户资源、技术诀窍及管理系统等无形资产具有通用性，无形资产价值高的制造企业由原先单纯提供实物产品改向为客户提供有形实物产品＋无形服务产品，不会产生成本剧增，只会成本弱增，并且由于提供附加值较高的服务，可产生较大的价值增值，促使此类企业生成范围经济优势。而且，通常情况下无形资产（含知识资产）通用性越强的制造企业，成本弱增性越强，范围经济优势越明显，此类企业越趋向于服务化转型升级。

此外，无形资产价值高的专业化制造企业，通常其无形资产还具有稀缺性与不可复制性，此类企业利用此种特性的无形资产进行转型——为客户提供差异化、难以复制的服务，从而获取长期竞争优势，立于市场不败之地。

竞争战略专家迈克尔·波特认为，企业竞争优势来源于差异性，即当企业能为客户提供差异化、不可复制的产品时，其可获取不同于市场竞争对手的异质性优势。无形资产价值高的制造企业，其品牌、渠道、客户资源、技术诀窍、管理系统均具有稀缺性与不可复制性，由此形成差异性。基于差异性无形资产，此类制造企业可为客户提供差异性、难以复制的无形服务产品，由此创造市场竞争优势。譬如，有技术诀窍的专业化制造企业享有专利保护，同行业的市场竞争对手难以掌握此项专利。依托这项差异化、难以复制的无形资产，制造企业不仅可向客户提供有形的技术产品，还可向客户提供基于产品的无形技术服务，如实物产品的安装调试、维护保养、故障在线诊断、远程追测、维修更新等服务，甚至是更高端的基于客户真切需求的有形产品与无形服务融为一体的全面解决方案。上述服务均具有稀缺性与差异性，竞争对手望尘莫及，难以复制。由此，制造企业凭借基于难以复制性无形资产而产生的差异性服务，在市场上长期占据竞争优势，立于不败之地。

综上所述，无形资产（含知识资产）价值高的专业化制造企业，为获取长期竞争优势，趋向于向客户提供难以复制的、差异化的、稀缺的无形服务产品，趋向于服务化转型升级。

第三章

"互联网+"背景下中国制造业向服务型制造转型升级的动力机制分析

制造业向服务型制造转型的根本动力在于，现代经济社会不断发展、科技快速进步，服务在经济生活中的地位越发重要，市场需求中服务成分所占的比例也日益提高。激烈的市场竞争促使制造业主动适应客户需求的改变，从而挖掘新的竞争优势、提高客户黏性并获得更多的经济利益。如今，互联网与现代经济深度融合，互联网信息技术推动和加速了制造业向服务型制造转型的进程，其中具体的六个动力机制阐释如下。

第一节　互联网信息技术促动市场需求向产品服务方向转变

机制一　互联网信息技术促动市场需求从产品导向向产品服务导向转变，"客户至上"的观念深入人心。

公平的市场环境中，市场需求决定了市场竞争。当市场需求量发生变化，或是市场需求的内容、形态有所改变，都将影响市场竞争的强度，甚至会使市场竞争行为随之改变。

目前，制造业的市场需求正在发生由"产品导向"向"产品服务导向"转变，这种转变是制造业服务化的一个根本动力。产品服务导向型需求意味着客户不再仅仅满足于从企业获得实物产品，而是倾向于获得由产品和与产品相关的设计研发、物流配送、安装维护、技术支持、金融以及咨询等一系列服务组成的"产品服务包"。制造业面临的市场需求之所以发生这样的转变，有两种原因：一是面对产品同质化严重的市场，客户的选择行为有所改变；二是产品本身的技术特征发生了变化。在过去的传统工业化中，"福特制"这一采用流水线作业实现标准化大规模批量生产的生产方式被制造行业普遍采用，"福特制"大幅度降低了生产成本，但也使得市场被大量的同质产品充斥。面对同质产品泛滥的境况，客户开始根据自己的需要和期望提出更多个性需求以改变产品完全同质、忽视个性化需求的状况。例如，重视个性化的客户会提出在产品的设计研发环节加入相应的个性化元素，希望购买的设备实现高效运营、达到预期使用寿命的客户会要求厂商长期提供远程技术支持或负责专业维修维护，诸如此类基于产品的要求刺激了相关服务需求的产生。此外，随着科学技术的飞速发展，制造业生产工艺不断革新，新技术得以快速、深入地与产品融合，使得制造业产品的构造越来越复杂、配套零部件越来越精细、技术含量越来越高。这种产品技术特征的变化对从售前咨询、物流运输、安装维修、使用培训到售后技术服务、性能维护以及报废设备回收等环节涉及的服务，提出了更专业、更复杂的要求，这些服务由制造企业之外的其他服务方供应的难度大大提高。

在信息革命发生后，互联网信息技术与人们生产生活的方方面面紧密结合，受此影响，制造业的市场需求由产品导向到产品服务导向的这一转变得以加速。首先，互联网信息技术作为现代集成制造的基本技术条件，广泛地应用于制造产品的研发、生产、质检、品控等环节中，融合了互联网信息技术的制造产品也愈发具有智能化、精密化、高技术含量化的技术特征，客户对产品相关专业服务的需求愈发迫切。其次，互联网作为知识和信息便利传播的公共平台，一定程度上消除了信息不完全性、不对称性，制造企业能够实时、准确地掌握客户需求，从而提供相应的产品和服务，实现供给对需求的快速有效响应。最后，受互联网信息技术普及的影响，电子商务、互联网经济迅速推广，人们的生活和消费习惯逐渐向线上转移，消费者成为互联网上最活跃的用户，甚至可以通过互联网平台直接主动地参与制造企业的生产活动。互联网信息技术使客户与制造企业之间的关系变得"扁平化""直接化"，亦促动了市场需求向产品服务导向的转变，由此改变了市场上制造企业间的竞争行为。当前，"客户至上"的观念已然深入人心，只有不断了解和匹配客户的新需求，制造企业才能长期得到客户的青睐，从而在与客户的紧密联系和频繁互动中获得更多的价值，提高自身竞争力。

第二节 互联网信息技术全流程覆盖与集成应用为制造业对客户实施量身定制（MTM）创造条件

机制二 互联网信息技术促动制造业实现以客户服务为要旨的个性定制与柔性快速生产，互联网信息技术全流程覆盖与集成应用为实施量身定制

(made to measure，MTM) 创造条件。

传统制造业的生产方式突出表现为以"福特制"为代表的刚性制造,这种生产方式有机械化、自动化和高度标准化等特征,将生产过程中各个操作环节拆分成若干标准化的作业工序,并由不同的专用自动机床或组合机床完成,再通过运输工件、设备将不同的机床组合成完整的流水生产线。刚性制造利用标准化流水生产线能够实现单一产品的大规模生产,并且由于生产过程中主要依赖于专用机械设备的运行,仅需要少量工人操作设备和完成部分简单工序,不仅为产品质量的可控性提供了保障,还能显著地降低生产成本、提高劳动生产效率。但是,刚性制造下产品的单一性、同质性强,成为这种生产方式最大的局限。在刚性制造的条件下,一旦产品设计改进、生产工艺更新,就必须对流水生产线进行重新设计,且生产线的改造成本高,常常要以全线停工为代价重新制造或改造设备,使得企业必须保留大量缓冲库存。因此,刚性制造往往难以灵活适应市场需求的快速变化,常常导致过量库存和资源浪费。同时,刚性制造的产品缺乏个性,不能满足当下客户对产品个性的日益重视和强烈需要。

20世纪六七十年代,一些发达国家开始开发柔性生产技术、推广柔性制造。柔性制造同样基于机械化的自动流水线作业,但其生产过程主要依靠基于信息技术的计算机数控机床,进行多品种、小批量的生产。相对传统的刚性制造而言,"柔性"指的是在生产过程中适应内、外部环境变化时体现出的灵活性。柔性制造实行"订单决定产量"的生产管理和弹性生产体系,能够实现零库存或极少库存生产;在同一条生产线上,只需要对设备进行简单的设置调整就能实现不同品种产品的批量生产,能够快速、低成本地响应外部市场环境的改变。另外,柔性制造的技术突破,不仅使企业能够为新产品的投产拓展原有生产系统的结构,还允许在部分机床发生故障的时候维持正常的生产能力,由此灵活地应对来自生产系统内部的干扰。这种结合了互联网信息技术的柔性制造使批量生产和个性化产品可以兼得,克服了传统刚性制造的不足。

目前,用于柔性生产的计算机数控机床等设备已经随着互联网信息技术的突破整合为计算机集成制造系统,借助互联网信息技术,尖端的柔性制造方式如智能制造、虚拟制造等方式不断涌现。智能制造将人工智能投入生产过程中，利用智能机器人的信息搜集、分析、决策和自学能力，提高生产各个环节的效率。虚拟制造则是基于仿真技术，在不消耗现实资源的前提下，模拟生产的全过程，帮助制造企业在投产前找出生产中可能发生的问题，预警企业提前完善应对机制，还能预测产品的性能、预估未来收益和风险，帮助企业作出合理的生产决策。互联网信息技术在制造业的应用大幅度地提高了生产的"柔性"，方便制造企业实现以客户服务为要旨的个性定制和柔性快速生产，为企业实施量身定制（made to measure）的生产创造技术条件。

第三节　互联网信息技术促动制造业以客户为中心提供系统产品服务以获取竞争优势

机制三　互联网信息技术促动制造业实现智能制造，以客户为中心提供系统产品服务或一体化产品服务解决方案，创造多个全新的价值增值环节，获取全新竞争优势与更多财务收益。

智能化的工业机器人、计算机数控机床以及成套大型生产、检测设备为制造业带来了生产工艺和自动化技术的革新，在提高生产效率、降低生产能耗的同时极大增强了生产的柔性，使智能制造成为制造业发展的一大趋势。智能制造的产生与发展有赖于互联网信息技术在制造业从设计开发、制造加工到销售物流等全流程的广泛应用，在制造业的工艺和技术朝智能化、自动化方向不断升级的背景下，信息流在制造企业中的重要性日益提高，制造企业的信息化程度成为影响企业竞争力的重要因素。

在当下，市场竞争的日趋激烈越发要求企业专注于自己拥有核心竞争力的关键环节，促使劳动分工进一步细化，许多核心部门以外的经济活动可以通过外包或购买服务等方式完成。因此，制造企业面对的客户需求不再局限于产品本身，而是倾向于得到整体化、系统化的解决方案服务，这就要求制造企业将所在产业链上下游的各种资源进行整合和集成应用，发展以客户为中心的系统产品服务或一体化的产品服务解决方案。完整的产业链上有资金流、信息流、物流等资源流,其中,信息流发挥着最为基础和关键的载体作用。互联网信息技术支撑下的智能制造就是将信息流与制造过程高度融合,将采购情况、客户个性化需求等输入企业的情报系统同企业的原材料库存、半成品库存、生产计划安排等信息相结合,利用智能机器人分析和处理这些信息,自动安排生产加工、成品性能和质量检测;在生产环节的下游又与物流、安装、维修维护等环节实施信息对接和实时反馈,从而为客户提供覆盖产品全生命周期的完整服务。

通过信息流和智能制造相结合的生产、经营方式,制造企业有能力按照客户的不同需求为其提供个性化的整体解决方案式的服务,譬如系统集成工程、交钥匙工程、承接维护外包业务等,这些服务已经超出了设备安装、售后维修等传统的产品附属服务范畴,为企业创造了全新的价值增值环节。进一步地,制造企业通过提供系统产品服务和一体化产品服务解决方案实现了从传统产品制造商到服务供应商、集成商的身份转换。整体解决方案式服务的提供,主要依赖企业拥有的知识、信息等无形资产,这些无形资产在同行竞争中独特且不可替代,构成了企业新的竞争优势,也为企业带来了更多的财务收益。

第四节　互联网信息技术变革制造业营销模式以更好满足客户需求

机制四　互联网信息技术变革制造业营销模式,以求更好服务客户、满足需求,增强客户黏性。

互联网信息技术搭建了一个广泛、开放的即时平台,改变人们的沟通方式和生活习惯,开启了互联网经济时代。互联网经济有"体验式消费"和"扁平化社群"两个突出特征:"体验式消费"在产品或服务的推广阶段采取免费体验、让利促销等方式迅速扩张客户群体的规模,通过良好的用户体验培养客户对企业的依赖性和忠实度,从而获取长期的利益;"扁平化社群"则为客户和企业搭建直接平等的交互渠道,客户的需要和意见能够及时反馈到企业，促使企业积极改进产品或服务的质量。互联网信息技术促使企业在提供产品或服务的过程中鼓励客户直接参与其中、注重与客户及时沟通，从客户体验出发设计产品及服务，主动向客户需求靠拢。

这种互联网思维导致制造业营销模式的革新。其一，由于互联网与人们的生活深度交融，消费者在网络上的行为习惯往往在一定程度上反映了其需求倾向，制造企业借助大数据收集和分析，能够以较低的成本在这些公开信息中捕捉潜在客户群体和新商机，改变以往的被动销售为有针对性的主动营销。其二，互联网思维强调客户参与、客户体验的重要性，引导制造企业加强与客户的实时互动，一方面使企业准确掌握客户需要，设计开发更贴合客户实际需求动向的前瞻性产品，降低开发成本、提高研发效率；另一方面也让企业方便地获取客户的使用反馈，进而及时地对产品进行升级换代，提高客户的满意度、培养品牌口碑和客户信赖。其三，互联网信息技术的应用使制造企业能方便地建立和管理客户信息档案，根据客户信息分析区别不同类型的客户群体，设计和提供差异化、多样化的产品及服务。其四，制造企业与客户的关系趋于扁平化，引导企业的营销目标从短期提高成交量变为培养长期战略伙伴关系客户，构建和完善专属于企业的完整供应链，与客户进行长期稳定的"双赢"合作，有效降低交易成本、实现长期收益的增长。

互联网信息技术变革了制造业的营销思路与模式，促使制造企业以客户需求为中心组织企业的经营活动，从传统制造商转变为解决客户个性化需求的服务供应商，以求更好地为客户服务、满足客户需求变动，在提高核心竞争力的同时培养客户对企业和品牌的忠实度，增强客户黏性。

第五节　互联网信息技术变革制造业组织体系：兼并或联盟服务机构以获取新竞争优势

机制五　互联网信息技术变革制造业组织体系，促进制造业跨界产业融合与资源整合，兼并服务机构，或与后者建立产业同盟或将部分业务外包给后者，通过向服务型制造转型升级，获取新的竞争优势。

随着互联网信息技术的飞速发展，这项技术已经深度渗透到经济领域的各行各业，由此带来的数字化和信息化不断推动着制造业生产技术、生产工艺和管理技术的革新，催生了电子商务的概念，并使之成为一种打破时间、空间限制的便捷交易新手段。在这一背景下，制造业的市场范围迅速扩大，制造企业面对的竞争压力也日益加重。要在竞争中取胜，制造企业就必须调整经营战略和发展战略，致力于挖掘自己在差异化上的竞争优势，在客户个性化需求越来越多、越来越复杂的情况下，调整或拓展服务业务是制造企业寻求差异化的一大途径。互联网信息技术使制造业的组织体系发生了巨大变革。

互联网信息技术促使制造业进行产业调整。制造业的竞争范围随着电子商务的发展普及进一步扩大，激烈的市场竞争使部分中小制造企业无暇顾及核心业务之外的其他部门的经营活动。这些中小制造企业为了精简内部组织结构，将企业本身拥有的部分服务部门压缩或裁除，将这些业务交给专业的服务机构，采取产业同盟或服务业务外包的形式，与服务机构进行长期合作，以降低交易成本。调整后的企业以外部投入取代内部供应满足企业经营活动中的服务需要，从而将有限的要素和资源专注于核心部门，这些中小制造企业的核心竞争力得到强化。

互联网信息技术还催化了制造业的产业融合浪潮。为了发展服务业务、开拓服务市场，大型制造企业沿生产性服务这一联系纽带与服务企业进行跨界融合和资源整合。不少大型制造企业通过兼并服务机构拓展服务业务、完善服务产品体系，被兼并的服务机构往往在对应领域里有着强专业性和出色的市场表现，方便兼并企业迅速在新服务业务中取得优势；或是有较强的区域性，利用其根植于所在地区的特征，对企业进入和拓展当地服务市场有益。兼并新的服务机构能够加强制造企业的服务能力、提升企业服务质量，加速服务化进程。此外，在信息化的基础上，大型制造企业改变了以往独立组织生产、单独参与市场竞争的经营策略，开始有意识地搭建以兼并企业本身为中心，涵盖采购、设计、生产、销售、物流等全环节在内的供应链体系，以客户的需求为原点，与供应链上下游的其他企业或机构紧密合作，共享资源、协同生产，最大限度地提高生产效率，强化大型企业在全供应链上的竞争力。

总之，当下制造业变革其组织体系，制造业与服务业的边界越来越模糊，制造业因此实现向服务型制造转型升级，进一步获得全新的竞争优势。

第六节　互联网信息技术促动制造业共享"云资源"服务而实现要素利用社会化并达成外部经济

机制六　互联网信息技术可使制造业共享"云资源"服务，实现生产要素利用社会化，变革制造业资源配置方式，通过共享外部经济创造更大价值。

前沿互联网信息技术推动了现代制造业步入"云时代"，并随之发展出"云制造"的概念。"云制造"基于云计算的思想，将信息化的先进制造技术与新型物联网技术、人工智能等前沿技术手段相结合，把各种制造资源、制造能力虚拟化、数字化和服务化，在广泛开放的网络环境中构建制造业资源"云池"，并对其进行集中统一管理，通过云终端按需为客户提供规范可靠、即时便利、覆盖制造业全流程和产品全生命周期的服务。

云制造平台汇集了制造业组织生产所需的信息、知识和专业制造能力等资源，使制造业可以通过这一平台共享"云资源"服务，从而变革制造业的资源配置方式。信息资源方面，云制造平台直接对接企业，收集和综合产品供求信息，搭建公平公开高效的中间品交易平台，除投标、询报价、下单交易等基础功能外，还提供订单识别匹配、收集和分析市场信息以给出决策建议等方面智能化的增值服务。知识资源方面，云制造平台允许企业用户上传和下载可公开的设计方案、工程图纸、标准件模型、技术资料、专业软件、教育培训视频等数字化知识资源，供平台内其他用户进行共享和重复利用，降低了知识传播的门槛。专业能力资源方面，云制造平台为企业用户提供生产能力资源、设计能力资源等方面的共享服务以及一体化解决方案服务，具体内容如下：平台鼓励企业用户以交易生产能力的方式进行协同制造，由能力供应方提供专业的生产设备和生产条件，配合能力需求方的要求计划组织生产，不仅提高了制造业的生产效率，同时也大大降低了专业设备、专用生产线闲置带来的资源浪费；平台为企业用户提供协同设计和任务众包的服务，由平台内的专业设计团队和企业直接接洽直至任务完成，企业可以将部分设计开发工作通过云平台外包，从而精简自身内部的设计团队，节省劳动力成本；另外，平台凭借拥有的市场信息、行业信息等优势，还能为企业用户在经营、供应链管理、销售管理等领域遇到的问题提供专业的咨询服务或整体解决方案服务，助力制造企业的发展。

互联网的发展除了推动"云制造"这类专业的制造业服务平台诞生，也孕育了来自民间的众创空间，为制造企业带来了源源不断的创新动力。互联网信息技术促使现代制造业的生产要素利用日益社会化，知识、信息、人才等专业资源的获取成本大幅降低，制造企业通过共享外部经济实现多方共赢，创造更高的价值。

实证篇

第四章

中国制造业产出服务化与绩效统计归纳分析

在对产出服务化对中国制造业绩效影响进行实证分析之前，需要全面了解中国制造业产出服务化情况以及中国制造业绩效状况，以期为接下来的实证分析提供统计归纳方面的依据。

本章将以中国制造业沪、深两市上市公司为样本，对中国9个代表性制造行业企业实施产出服务化的广度和深度进行梳理，分析中国制造业产出服务化的发展状况，归纳中国制造业不同行业开展产出服务化的特点。另外，还将从行业角度分析和评价实施产出服务化的代表性制造行业的绩效状况。

第一节　中国制造业产出服务化广度分析

一、分析方法介绍

产出服务化广度指制造企业开展产出服务化时涉及的服务项目范围的广泛程度，通常以制造企业开展的服务项目数目表示。目前许多相关文献都采取对制造业上市公司经营范围文件进行整理和分析的"经营范围文本分析法"。这种方法的数据信息来源为上市公司的公开文件，真实度与可信度较高，能够比较全面、细致地反映其实施产出服务化的状况。

在测度制造业产出服务化广度前，首先需要对制造业产出服务化涉及的服务种类进行适当分类，再以分类标准与制造业上市公司经营范围中描述的业务内容进行对照，确定和收集数据。

关于制造业产出服务化的分类标准，Neely（2008）曾经提出包含12个服务种类的分类，分别是：咨询服务、设计开发服务、金融服务、安装和执行服务、租赁服务、维修和保养服务、外包和运营服务、采购服务、财产与不动产服务、零售和分销服务、整体解决方案服务以及运输服务。笔者在实际进行人工检索操作时发现，中国制造企业提供的服务项目有部分不能归入上述分类，因此本书在这一分类标准的基础上结合我国实际进行了适当的调整，最终得到制造业产出服务化涉及的14类服务项目，具体如表4-1所示。

表 4-1 制造业产出服务化涉及的服务项目分类

产出服务化服务项目分类	检索关键词
咨询与培训服务	技术咨询、技术服务、管理咨询、经济信息咨询、售前培训、技术培训等
设计与开发服务	产品研制、产品开发设计、工程设计等
金融服务	金融服务、投资管理、资产管理、证券投资、商业保理等
安装与执行服务	设备安装、安装工程、专业工程施工、专业工程承包、工程管理等
租赁服务	产品租赁、设备租赁、融资租赁等
维修、保养及售后服务	维修、保养、系统维护、售后服务等
外包和运营服务	劳务派遣、承接外包、运营管理等
采购服务	原材料采购、供应链管理服务等
财产与投资服务	房地产开发、房屋租赁、物业管理、兴办实业、餐饮管理、旅游开发等
零售、批发及推广类服务	零售批发、电子商务、广告服务、营销策划、会展服务等
解决方案服务	整体解决方案、合同能源管理、成套设备等
物流、运输及仓储服务	货运、仓储、装卸服务等
软件开发、信息数据及其他专业服务	软件开发、信息服务、数据服务、测绘服务、检测服务等
进出口服务	代理货物或技术进出口

本书选择了中国制造业中 9 个代表性行业进行研究，分别是：食品制造业、纺织服装服饰业、医药制造业、通用设备制造业、专用设备制造业、汽车制造业、计算机通信和其他电子设备制造业、电气机械和器材制造业、仪器仪表制造业。在这些行业中出现了许多成功实施了制造业产出服务化的典型企业，如从事高端服饰定制生产的红领集团、经营环保工程设计运营服务的陕鼓集团、提供智慧城市一体化解决方案的同方股份等。

参考闵连星（2016）的做法，本书采用"服务化导入率""服务项目平均开展数"两个指标来描述制造业产出服务化广度。服务化导入率有两个层次：其一，将行业中至少开展了一项服务项目的企业数量占行业内全部企业数量的比例记为行业整体服务化导入率；其二，对于不同类型的服务项目，将开展了相应项目的企业数量占行业内全部企业数量的比例记为该项目的服务化导入率。服务项目平均开展数则反映行业中平均每个企业开展的服务项目数，以行业中各企业开展服务项目总数的算术平均值表示。

在测度制造业产出服务化广度时，本书收集了各制造行业中上市公司2019年的年度报告中所记载的经营范围，按表4-1的分类标准进行了人工筛选。上述信息来自国泰安CSMAR数据库。

二、中国制造业产出服务化广度分析

根据前文介绍的分析方法和国泰安CSMAR数据库，测算出2019年上述9个代表性制造行业服务化整体导入率，分别如下：食品制造业（87.61%）、纺织服装服饰业（96.13%）、医药制造业（91.05%）、通用设备制造业（93.25%）、专用设备制造业（95.89%）、汽车制造业（92.33%）、计算机通信和其他电子设备制造业（97.87%）、电气机械和器材制造业（95.82%）、仪器仪表制造业（98.53%）。上述9个代表性制造行业服务化整体导入率的平均值为94.28%。上述数据根据国泰安CSMAR数据库数据计算绘制而成。此外，上述9个代表性制造业从事了多个服务项目，每个服务项目服务化导入率详见表4-2。

表4-2 9个代表性制造行业产出服务化广度总体情况

排序	服务项目	导入率/%
1	设计与开发服务	69.11
2	进出口服务	59.89
3	咨询与培训服务	57.94

续上表

排序	服务项目	导入率/%
4	财产与投资服务	29.57
5	软件开发、信息数据及其他专业服务	26.32
6	安装与执行服务	25.39
7	维修、保养及售后服务	24.63
8	零售、批发及推广类服务	18.29
9	租赁服务	14.81
10	物流、运输及仓储服务	12.91
11	金融服务	7.13
12	外包和运营服务	7.02
13	解决方案服务	5.33
14	采购服务	0.93
样本总数	整体导入率/%	服务项目平均开展数
1348	94.28	3.89

注：①根据国泰安 CSMAR 数据库数据计算绘制而成。
②此表最下方是整体导入率和服务项目开展数。

（一）总体状况

从 9 个代表性制造行业的总体表现来看，2019 年整体导入率达到 94.28%，服务项目平均开展数为 3.89。

整体导入率最高的三类服务项目依次是："设计与开发服务"（69.11%）、"进出口服务"（59.89%）、"咨询与培训服务"（57.94%）；导入率偏低的三个服务项目依次是："外包和运营服务"（7.02%）、"解决方案服务"（5.33%）、"采购服务"（0.93%）。说明样本制造行业中，各企业更倾向于经营多种服务项目而非单一服务项目，且格外关注产品设计、技术研发及相关的技术咨询、技术培训等服务，能够通过与客户互动满足其个性化需求，从而提升客户满意度。"进出口服务"以及"零售、批发及推广类服务"的导入率比"采购服务"的导入率高很多,说明这些企业对下游的销售环节的重视程度远高于上游采购环节,这可能也是由于制造业产出服务化"客户需求驱动"的特征。另外,也可能因为"采购服务"包含的供应链管理等业务对企业规模、渠道资源以及协调管理的能力、经验都有很高要求,因此涉及此类服务的企业较少,导入率偏低。

(二) 分行业状况

不同的制造行业在开展制造业产出服务化时,由于行业的技术特征、行业内企业的规模结构等因素的差异,在选择服务项目时各有侧重,且不同行业制造业产出服务化的发展水平也不同。

1. 食品制造业和纺织服装服饰业

作为典型的劳动密集型轻工产业,2019年食品制造业和纺织服装服饰业的产出服务化整体导入率分别为87.61%、96.13%,平均开展服务项目的数量分别为2.51、2.97,如表4-3、表4-4所示。

表4-3 食品制造业产出服务化广度情况

排序	服务项目	导入率/%
1	咨询与培训服务	47.11
2	进出口服务	41.71
3	零售、批发及推广类服务	32.03
4	设计与开发服务	27.52
5	财产与投资服务	23.89
6	物流、运输及仓储服务	17.74
7	软件开发、信息数据及其他专业服务	12.80
8	租赁服务	10.13
9	维修、保养及售后服务	9.23
10	金融服务	8.89

续上表

排序	服务项目	导入率/%
11	安装与执行服务	5.31
12	采购服务	2.89
13	外包和运营服务	0.00
14	解决方案服务	0.00
样本总数	整体导入率/%	服务项目平均开展数
41	87.61	2.51

注：①根据国泰安 CSMAR 数据库数据计算绘制而成。
②此表最下方是整体导入率和服务项目开展数。

由表4-3可知，食品制造业的产出服务化整体导入率与平均开展服务项目数均远低于9个行业的平均水平，说明这一行业产出服务化的发展仍较为初步。食品制造业内的企业主要开展的服务项目为咨询与培训服务、进出口服务与零售批发及推广类服务，此三类服务的导入率均超过了30%，反映出该行业中的制造企业通常选择实施与本企业产品经营关系密切的服务项目，以支持产品的生产、销售和流通。

表4-4 纺织服装服饰业产出服务化广度情况

排序	服务项目	导入率/%
1	进出口服务	62.98
2	设计与开发服务	57.79
3	咨询与培训服务	43.81
4	财产与投资服务	41.79
5	零售、批发及推广类服务	39.83
6	软件开发、信息数据及其他专业服务	23.27
7	物流、运输及仓储服务	15.11
8	金融服务	12.76

续上表

排序	服务项目	导入率/%
9	租赁服务	3.17
10	维修、保养及售后服务	2.98
11	采购服务	2.55
12	安装与执行服务	0.00
13	外包和运营服务	0.00
14	解决方案服务	0.00
样本总数	整体导入率/%	服务项目平均开展数
36	96.13	2.97

注：①根据国泰安 CSMAR 数据库数据计算绘制而成。

②此表最下方是整体导入率和服务项目开展数。

表4-4展示了2019年纺织服装服饰业产出服务化的广度情况。纺织服装服饰业的整体导入率很高，超过了9个行业的平均水平，但服务项目平均开展数并不高。排名前五的服务项目导入率均超过35%，分别是进出口服务、设计与开发服务、咨询与培训服务、财产与投资服务以及零售、批发及推广类服务，可知在该产业中企业选择导入的服务集中为上述服务类型，该行业内不同企业服务导入的结构相似性很高。值得注意的是，在纺织服装服饰业内，财产与投资服务导入率高达41.79%，远高于9个行业该服务项目导入的平均水平，说明此行业中相当多的企业将企业资源和资金投入了与其自身产品的生产销售无关的房地产开发、租赁以及物业管理等领域，即通常意义上的"虚拟经济"领域。

结合表4-3、表4-4的内容可知，虽然同属于劳动密集型的轻工业，但食品制造业与纺织服装服饰业的产出服务化广度情况存在很大差异。食品制造业产出服务化发展水平较低，开展的服务项目多以其生产经营的产品为核心服务于产品，且更为关注价值链下游的商品流通环节。纺织服装服饰业相较于食品制造业产出服务化发展水平更高，除了流通环节的服务项目外，设计与开发服务在该产业中备受重视,这是近年来我国从事纺织服装制造的企业原创意识、设计能力均有所提高的表现。此外,随着柔性生产技术和智能制造在纺织服装服饰业内开始推广,此行业亦开始从事具有一定技术难度的软件开发服务。但是,纺织服装服饰业中,财产与投资服务的导入率较高,反映出该行业有"脱实向虚"的趋势,如果不予以改善,可能为该行业长期发展埋下隐患。

2. 医药制造业

由表4-5所示,医药制造业产出服务化整体导入率为91.05%,服务项目平均开展数为2.89,在9个行业中属于较低水平。该行业中的企业倾向于利用企业的技术优势,从事药品和医药技术的研发服务,并提供与之配套的咨询业务,因而该行业内咨询与培训服务、设计与开发服务的导入率都很高。另外,医药制造业具有一个显著特征,即其生产的医药类产品通常对运输流通环节的专业性有很高要求,因而行业内许多企业还从事药品的专业运输、流通、进出口服务。近年来,互联网医疗在政策的引导下开始发展,部分医药制造企业开始布局健康医疗领域,从事医院等医疗场所的投资、管理、专业工程和运营服务,与之对应的是安装与执行服务、外包和运营服务两类,但这两类服务的导入率很低,说明其尚处于初步发展阶段。毫无疑问,医药制造业属技术水准较高的制造业,但其服务化广度情况不甚理想,医药制造业在拓展服务化广度、提高整体导入率且丰富服务项目方面还有较大的发展空间。

表4-5 医药制造业产出服务化广度情况

排序	服务项目	导入率/%
1	咨询与培训服务	57.15
2	设计与开发服务	55.82
3	进出口服务	40.89
4	财产与投资服务	28.13
5	零售、批发及推广类服务	20.11

续上表

排序	服务项目	导入率/%
6	物流、运输及仓储服务	13.19
7	软件开发、信息数据及其他专业服务	10.83
8	金融服务	9.61
9	租赁服务	8.01
10	安装与执行服务	5.35
11	维修、保养及售后服务	3.69
12	采购服务	2.75
13	外包和运营服务	1.12
14	解决方案服务	0.00
样本总数	整体导入率/%	服务项目平均开展数
209	91.05	2.89

注：①此表根据国泰安 CSMAR 数据库数据计算绘制而成。

②此表最下方是整体导入率和服务项目开展数。

3. 通用设备制造业与专用设备制造业

同属于装备设备制造业，通用设备制造业的整体导入率为93.25%，服务项目平均开展数为3.76，如表4-6所示；而专用设备制造业的整体导入率达到了95.89%，服务项目平均开展数为3.98，如表4-7所示。专用、通用设备制造业具有类似的服务项目结构：首先，这两个制造行业导入率最高的3个服务项目均为进出口服务、设计与开发服务和咨询与培训服务，且导入率均高于50%；其次，安装与执行服务以及维修、保养及售后服务在这两个行业中均具有较高的导入率。这是由于专用、通用设备制造业主要生产机械设备产品，在产品的安装、维保等环节通常需要专业人员进行作业。此外，上述两个制造行业均涉足了解决方案服务、外包和运营服务这两类对创新型综合素质较高人才、企业资源状况以及企业内部协调管理能力要求较高的新兴服务，但导入率都相对较低，说明发展仍较初步。

表4-6 通用设备制造业产出服务化广度情况

排序	服务项目	导入率/%
1	进出口服务	63.13
2	设计与开发服务	61.21
3	咨询与培训服务	53.84
4	安装与执行服务	33.19
5	维修、保养及售后服务	32.97
6	财产与投资服务	25.12
7	零售、批发及推广类服务	18.11
8	软件开发、信息数据及其他专业服务	16.27
9	租赁服务	14.30
10	外包和运营服务	8.91
11	物流、运输及仓储服务	7.73
12	解决方案服务	6.13
13	金融服务	6.09
14	采购服务	0.85
样本总数	整体导入率/%	服务项目平均开展数
137	93.25	3.76

注：①此表根据国泰安CSMAR数据库数据计算绘制而成。
②此表最下方是整体导入率和服务项目开展数。

表4-7 专用设备制造业产出服务化广度情况

排序	服务项目	导入率/%
1	设计与开发服务	72.97
2	咨询与培训服务	65.35
3	进出口服务	59.86
4	安装与执行服务	40.13

续上表

排序	服务项目	导入率/%
5	维修、保养及售后服务	34.81
6	软件开发、信息数据及其他专业服务	29.53
7	财产与投资服务	23.98
8	租赁服务	20.79
9	物流、运输及仓储服务	12.31
10	零售、批发及推广类服务	12.19
11	解决方案服务	7.10
12	外包和运营服务	6.31
13	金融服务	5.89
14	采购服务	0.00
样本总数	整体导入率/%	服务项目平均开展数
199	95.89	3.98

注：①此表根据国泰安CSMAR数据库数据计算绘制而成。
②此表最下方是整体导入率和服务项目开展数。

专用设备制造业与通用设备制造业在产出服务化广度上的主要不同之处在于：专用设备制造业内，软件开发、信息数据及其他专业服务有较高的导入率，且明显高于通用设备制造业；通用设备制造业则在零售、批发及推广类服务上较专用设备制造业导入力度更大。这种不同主要是由上述两个行业产品的基本特征决定的。通用设备制造业主要生产的是能够应用于多个行业的通用生产设备，如锅炉、机床、起重运输装置、动力设备等以及相关通用零部件，其下游市场较为广阔，对零售、批发及推广类服务有较强的需求。而专业设备制造业主要生产具有特殊功能或性能，专用于特殊行业、特殊领域的专业设备，其下游市场的范围与通用设备制造业相比较为狭窄，且客户对于设备的技术性、专业性要求较高，因此对软件开发、信息数据及其他专业服务有更强需求。在专用、通用设备制造业中，这种由于行业产品特征不同导致的客户对由制造企业提供的服务需求差异直接反映在了服务导入率的差异上，亦说明了制造业产出服务化具有很强的需求驱动的特征。

4．汽车制造业

汽车制造业的产出服务整体导入率为92.33%，服务项目平均开展数为3.17，如表4－8所示，低于9个行业总体水平。汽车制造业作为从事耐用消费品生产的制造行业，下游市场客户对产品个性化需求以及相关附加服务需求都很强，理应存在广阔服务项目开展空间。但实际上，我国汽车制造业目前的产出服务化广度情况不尽如人意，产出服务整体导入率、服务项目平均开展数都较低。从汽车制造业具体开展的服务项目上看，导入率排在前三的分别是设计与开发服务、进出口服务以及咨询与培训服务，说明汽车制造业较重视产品的设计和与之相关的咨询、培训等服务；此外，维修、保养及售后服务在汽车制造业内也具有较高的导入率，这是由行业特征所决定的：为了维持客户资源的长期性与稳定性，汽车制造商将资源更多地投向能为客户提供优质维保及售后服务的业务领域。值得关注的是，该行业中金融服务导入率仅有9.25%，远低于国际水准。汽车金融是不少国际一流汽车制造公司的主推业务，无疑，对我国实力较强的汽车制造企业而言，汽车金融业务将有较大的发展空间。

表4－8 汽车制造业产出服务化广度情况

排序	服务项目	导入率/%
1	设计与开发服务	69.12
2	进出口服务	54.13
3	咨询与培训服务	50.12
4	财产与投资服务	27.15
5	维修、保养及售后服务	24.01
6	零售、批发及推广类服务	16.85
7	物流、运输及仓储服务	14.61
8	租赁服务	12.93

续上表

排序	服务项目	导入率/%
9	软件开发、信息数据及其他专业服务	10.50
10	金融服务	9.25
11	安装与执行服务	4.39
12	外包和运营服务	0.94
13	解决方案服务	0.87
14	采购服务	0.83
样本总数	整体导入率/%	服务项目平均开展数
126	92.33	3.17

注：①此表根据国泰安 CSMAR 数据库数据计算绘制而成。

②此表最下方是整体导入率和服务项目开展数。

5. 计算机通信和其他电子设备制造业

计算机通信和其他电子设备制造业的产出服务化整体导入率高达 97.87%、服务项目平均开展数为 4.15，如表 4-9 所示，在 9 个行业中仅次于仪器仪表制造业。计算机通信和其他电子设备制造业中导入率最高的 3 个服务项目与其他行业类似，即大部分企业都开展了服务于产品的设计与开发服务、进出口服务以及咨询与培训服务。另外，由于该行业是一个高技术型行业，其生产的实物产品与软件类产品具有高度互补关系，行业中还有诸多企业都从事包括计算机软件开发、系统集成服务等服务内容在内的软件开发、信息数据及其他专业服务，使这类服务项目的导入率达到了 43.18%，在 14 种服务项目中排名第四位。

表 4-9 计算机通信和其他电子设备制造业产出服务化广度情况

排序	服务项目	导入率/%
1	设计与开发服务	77.23
2	进出口服务	74.11

续上表

排序	服务项目	导入率/%
3	咨询与培训服务	64.03
4	软件开发、信息数据及其他专业服务	43.18
5	财产与投资服务	30.87
6	安装与执行服务	28.34
7	维修、保养及售后服务	24.21
8	零售、批发及推广类服务	17.13
9	租赁服务	13.65
10	物流、运输及仓储服务	9.40
11	解决方案服务	6.13
12	金融服务	4.65
13	外包和运营服务	3.52
14	采购服务	0.27
样本总数	整体导入率/%	服务项目平均开展数
335	97.87	4.15

注：①此表根据国泰安 CSMAR 数据库数据计算绘制而成。
②此表最下方是整体导入率和服务项目开展数。

6. 电气机械和器材制造业

电气机械和器材制造业产出服务化的整体导入率为95.82%，服务项目平均开展数达3.93，如表4-10所示，该行业产出服务化广度在9个行业中处中等偏上水平。值得一提的是，该行业内外包和运营服务的导入率达13.95%，仅次于仪器仪表行业。电气机械和器材制造业开展外包和运营服务以清洁能源相关业务为主，这是受政策导向影响的结果。当下国民经济转型向集约、环保的方式发展，该行业也随之进行了业务转型，部分具有技术资质与资金实力的制造企业开始经营风电等电力设施设备的运营服务以及新能源汽车充电设施的运营管理服务等业务。

表 4-10 电气机械和器材制造业产出服务化广度情况

排序	服务项目	导入率/%
1	设计与开发服务	68.12
2	咨询与培训服务	58.11
3	进出口服务	56.09
4	安装与执行服务	37.11
5	财产与投资服务	31.07
6	软件开发、信息数据及其他专业服务	26.05
7	维修、保养及售后服务	23.11
8	零售、批发及推广类服务	14.01
9	外包和运营服务	13.95
10	租赁服务	12.09
11	物流、运输及仓储服务	8.64
12	解决方案服务	5.51
13	金融服务	4.85
14	采购服务	0.00
样本总数	整体导入率/%	服务项目平均开展数
218	95.82	3.93

注：①此表根据国泰安 CSMAR 数据库数据计算绘制而成。

②此表最下方是整体导入率和服务项目开展数。

7. 仪器仪表制造业

仪器仪表制造业是本书选取的 9 个代表性制造行业中产出服务化整体导入率与服务项目平均开展数最高的行业，分别达到了 98.53%、4.96，如表 4-11 所示。在行业开展服务项目的结构上，该行业导入的服务项目也高度集中在与技术及贸易相关的设计与开发服务、咨询与培训服务、进出口服务以及软件开发、信息数据及其他专业服务领域，排名前四的服务项目导入率均超过了 70%。

表 4-11 仪器仪表制造业产出服务化广度情况

排序	服务项目	导入率/%
1	设计与开发服务	86.14
2	咨询与培训服务	83.06
3	进出口服务	73.35
4	软件开发、信息数据及其他专业服务	72.76
5	安装与执行服务	49.53
6	维修、保养及售后服务	49.02
7	财产与投资服务	23.72
8	外包和运营服务	15.04
9	解决方案服务	11.33
10	租赁服务	4.49
11	物流、运输及仓储服务	4.34
12	零售、批发及推广类服务	4.31
13	金融服务	0.00
14	采购服务	0.00
样本总数	整体导入率/%	服务项目平均开展数
47	98.53	4.96

注：①此表根据国泰安 CSMAR 数据库数据计算绘制而成。

②此表最下方是整体导入率和服务项目开展数。

在我国，专用仪器仪表制造业、通用仪器仪表制造业以及医疗仪器设备器械制造业等仪器仪表制造业的主要子行业均被归入高技术型制造业，随着智能制造技术的发展和普及，仪器仪表制造业本身也逐步向高端制造业转型。与计算机通信电子设备制造业一样，该行业具有技术密集、知识密集的行业特征，围绕产品、技术的设计、开发、咨询、维护以及其他支持服务的旺盛客户需求开展产出服务化项目，这是上述服务项目在该行业中导入率高的原因。另外，仪器仪表制造业中外包和运营服务、解决方案服务等高附加值新兴服务项目的导入率在9个制造行业中均处于最高水平，这类服务不仅有较强的技术依赖性和知识依赖性，同时也对制造企业整合和管理组织资源的能力有较高要求。

三、本节小结

经过上述分析，可以归纳出中国制造业产出服务化广度的特征如下：

第一，整体而言，中国的制造企业一般倾向于实施与其实物产品的生产流通环节有紧密关联的服务项目。在价值链上游，制造企业主要从事设计与开发服务，下游则主要从事零售批发、安装维保以及产品和技术的咨询、培训服务。

第二，不同类型的制造行业，在产出服务化导入率和导入结构上有明显差异。低技术、劳动密集型产业如食品制造业、纺织服装服饰业中，与销售环节相关的零售、批发及推广类服务导入率高；医药制造业则由于医药产品的特殊性，从事医药流通和专业运输服务的企业较多，零售、批发及推广类服务和物流、运输及仓储服务的导入率比较高；专用设备制造业、通用设备制造业和汽车制造业三个产业，主要从事的是产品租赁服务以及售后的维修保养服务；计算机通信和其他电子设备制造业由于其产品与软件产品具有互补性，软件开发、信息数据及其他专业服务项目的导入率较高；电气机械和器材制造业和仪器仪表制造业两个产业则在外包和运营服务、解决方案服务这两个新兴服务项目上具有较高的导入率。

第三，当下中国的制造业中"脱实向虚"的情况值得警惕。本书选取的9个制造行业在财产与投资服务项目上导入率均不低于20%，在纺织服装服饰业内甚至超过了40%。这一业务主要包含的是房地产开发、房屋中介、物业管理以及旅游开发等与制造企业本身经营产品和制造业务不匹配、不相关的服务活动，说明当下中国制造业内尚有不少企业将大量资源投向了"虚拟经济"领域，存在"脱实向虚"的现象，应当引起关注和警惕。

第二节 中国制造业产出服务化深度分析

一、分析方法介绍

产出服务化深度是衡量制造业产出服务化水平的另一种指标。产出服务化深度主要反映的是在产出服务化实际开展的过程中，制造企业对服务项目的重视程度，理论上应当以制造企业对产出服务化的投资规模来衡量。但在实际研究中制造企业对服务项目的投资规模难以测度，目前相关研究采取的通常做法是用制造企业服务收入占总营业收入的比重来近似地测度产出服务化深度。

下文分析选择的指标主要有两个：其一为"产出服务化平均深度"，以行业内全部样本企业产出服务化深度的平均值衡量，反映该行业产出服务化深度的平均水平；其二为"产出服务化最大深度"，以行业内样本企业中产出服务化深度的最大值衡量，反映该行业内实施产出服务化龙头企业的产出服务化深度水平。另外，本节还将每个行业产出服务化最主要的服务项目记为该行业的主要服务收入来源，并对其变动情况进行讨论。采取上述指标，笔者收集整理 2012—2019 年上述 9 个制造行业于沪、深两市挂牌交易的上市公司的服务收入数据，计算产出服务化深度并以此为基础进行分析。上述信息及数据来源为国泰安 CSMAR 数据库。

二、中国制造业产出服务化深度分析

（一）总体状况

2012—2019 年，中国制造业 9 个代表性行业产出服务化平均深度的均值为 12%~18%（据国泰安 CSMAR 数据库计算得出），总体呈现波动中增长态势。不同制造行业中，产出服务化的深度也呈现出不同的特征和变动趋势，下文将分行业进行分析和讨论。

(二)分行业状况

1. 食品制造业

如表4-12所示,2012—2019年食品制造业产出服务化的平均深度总体呈现上升态势。而2013年起,该行业的制造企业开始主要从事物流业、传媒和信息服务、广告等下游市场服务项目,并从中获得丰厚的收益,其产出服务化深度亦有明显提高。

表4-12 食品制造业产出服务化深度情况

年度	2012	2013	2014	2015	2016	2017	2018	2019
平均深度/%	6.35	9.35	9.09	10.40	19.73	19.05	19.48	20.13
最大深度/%	18.08	34.44	29.59	28.27	37.02	35.83	36.48	37.89
主要服务收入来源	房地产	物流业	物流业	广告传媒	广告传媒	物流业	物流业	广告传媒

注:根据国泰安CSMAR数据库数据计算绘制而成。

2. 纺织服装服饰业

如表4-13所示,2012—2019年纺织服装服饰业产出服务化平均深度变化不大。纺织服装服饰业上市公司主要服务收入来源长期是房地产业务。虽然纺织服装服饰业内部分企业通过经营服装设计、定制服务等与其产品密切相关的服务项目并在年度财报中记录了相应的服务收入,但这些服务项目的服务收入占比相对较低,该行业的主要服务收入来源仍然为房地产类业务。这种"脱实向虚"现象值得高度警惕。

表4-13 纺织服装服饰业产出服务化深度情况

年度	2012	2013	2014	2015	2016	2017	2018	2019
平均深度/%	12.72	22.01	13.95	14.51	13.20	13.43	14.21	14.53
最大深度/%	28.21	54.05	59.14	53.31	52.28	52.86	53.72	53.84
主要服务收入来源	房地产	房地产	房地产	房地产	房地产	房地产	房地产	房地产

注:根据国泰安CSMAR数据库数据计算绘制而成。

3. 医药制造业

如表4-14所示，2012—2019年医药制造业的产出服务化平均深度总体呈增长趋势，反映出该行业内产出服务化发展态势良好。该行业制造企业开展的服务项目种类较多，收入来源也较广，主要是上游市场的医药定制研发服务。但表格同时也显示出个别年份医药制造业的主要收入来源为房地产类业务，值得关注。

表4-14 医药制造业产出服务化深度情况

年度	2012	2013	2014	2015	2016	2017	2018	2019
平均深度/%	12.38	14.43	15.43	12.97	15.40	15.67	16.05	16.58
最大深度/%	50.84	86.30	88.08	84.64	82.52	82.67	87.56	88.32
主要服务收入来源	设计安装服务	医药定制研发	医药定制研发	医药定制研发	房地产	房地产	医药定制研发	医药定制研发

注：根据国泰安CSMAR数据库数据计算绘制而成。

4. 通用设备制造业

如表4-15所示，2012—2019年通用设备制造业产出服务化的平均深度由11.98%提高到15.39%，说明此期间该行业产出服务化呈现出比较明显的增长态势。从主要服务收入来源上看，该行业制造企业主要通过从事贸易服务和总承包项目服务盈利。大致从2016年开始，该行业主要制造企业开始从事环境治理服务这类技术含量较高的专业服务，并取得较好发展。

表4-15 通用设备制造业产出服务化深度情况

年度	2012	2013	2014	2015	2016	2017	2018	2019
平均深度/%	11.98	10.19	10.01	11.09	15.02	15.13	15.30	15.39
最大深度/%	70.27	39.86	29.15	40.30	59.89	60.22	59.71	61.10
主要服务收入来源	贸易服务	贸易服务	环境治理服务	总承包项目	环境治理服务	环境治理服务	环境治理服务	环境治理服务

注：根据国泰安CSMAR数据库数据计算绘制而成。

5. 专用设备制造业

如表4-16所示，2012—2019年专用设备制造业产出服务化平均深度先出现下滑趋势，直到2016年才有所回升。总体而言，这8年期间该行业制造企业产出服务化平均深度微升，主要服务项目收入来源体现为集成服务和整体解决方案服务。

表4-16 专用设备制造业产出服务化深度情况

年度	2012	2013	2014	2015	2016	2017	2018	2019
平均深度/%	16.10	14.52	14.50	13.92	16.70	16.82	15.69	17.03
最大深度/%	93.85	75.83	87.73	92.21	81.76	83.13	83.27	85.72
主要服务收入来源	设计、专业工程等	卫星导航集成服务	卫星导航集成服务	卫星导航集成服务	整体解决方案服务	整体解决方案服务	整体解决方案服务	整体解决方案服务

注：根据国泰安CSMAR数据库数据计算绘制而成。

6. 汽车制造业

如表4-17所示，2012—2019年汽车制造业产出服务化平均深度总体呈现上升态势，该行业制造企业主要通过从事售后、维修服务及技术服务获利，经营的服务项目集中在下游市场。

表4-17 汽车制造业产出服务化深度情况

年度	2012	2013	2014	2015	2016	2017	2018	2019
平均深度/%	8.22	8.77	11.69	12.56	17.32	16.55	17.28	17.53
最大深度/%	12.43	50.81	51.73	56.15	61.75	60.72	61.44	62.33
主要服务收入来源	售后服务	维修服务	维修服务	技术服务	维修服务	技术服务	技术服务	维修服务

注：根据国泰安CSMAR数据库数据计算绘制而成。

7. 计算机通信和其他电子设备制造业

如表4-18所示，2012—2019年计算机通信和其他电子设备制造业产出服务化平均深度保持在19%~26%，总体呈现上升态势，在9个代表性制造行业中处于领先水平。该行业制造企业经营的主要服务项目技术水准与知识含量较高，为实施产出服务化的制造企业带来丰厚收益，甚至有个别企业在一些年份实现了"去制造化"，完全以服务收入为其主要收入来源。

表4-18 计算机通信和其他电子设备制造业产出服务化深度情况

年度	2012	2013	2014	2015	2016	2017	2018	2019
平均深度/%	19.55	18.46	20.45	24.04	23.81	24.33	24.83	25.39
最大深度/%	98.76	99.86	95.98	99.43	100	98.87	98.31	97.93
主要服务收入来源	终端设计施工服务	终端设计施工服务	终端设计施工服务	软件服务	软件服务	软件服务	软件服务	软件服务

注：根据国泰安CSMAR数据库数据计算绘制而成。

8．电气机械和器材制造业

如表4-19所示，2012—2019年电气机械和器材制造业产出服务化平均深度大致呈现上升态势，但这一深度在9个行业中相对较小，说明这一行业产出服务化发展处于起步阶段。不过，该行业制造企业经营的主要服务项目技术水准较高，涉及工程设计总包服务、系统集成服务、环境监测服务等。从产出服务化最大深度来看，行业龙头企业通过经营上述服务项目取得了相当丰厚的收益。

表4-19 电气机械和器材制造业产出服务化深度情况

年度	2012	2013	2014	2015	2016	2017	2018	2019
平均深度/%	8.36	7.71	8.34	9.03	10.65	9.76	10.53	10.82
最大深度/%	23.61	31.18	49.56	65.15	81.10	69.89	80.65	81.43
主要服务收入来源	工程设计总包服务	系统集成服务	系统集成服务	环境监测服务	环境监测服务	系统集成服务	环境监测服务	环境监测服务

注：根据国泰安CSMAR数据库数据计算绘制而成。

9．仪器仪表制造业

如表4-20所示，2012—2019年仪器仪表制造业产出服务化平均深度由

14.12%增长至26.83%，说明该行业产出服务化发展态势良好。该行业产出服务化涉及的主要服务项目包括运维服务、工程服务和整体解决方案服务等，这些服务项目具有高技术水准、高附加值特征，为从事产出服务化龙头企业带来可观收益。

表4-20 仪器仪表制造业产出服务化深度情况

年度	2012	2013	2014	2015	2016	2017	2018	2019
平均深度/%	14.12	15.11	19.22	22.62	25.85	26.12	26.27	26.83
最大深度/%	39.57	71.42	43.91	69.01	75.03	75.73	76.09	76.35
主要服务收入来源	运维服务	整体解决方案服务	运维服务	工程服务	工程服务	工程服务	整体解决方案服务	整体解决方案服务

注：根据国泰安CSMAR数据库数据计算绘制而成。

三、本节小结

本节对中国制造业的产出服务化深度进行了分析，得出以下结论：

第一，从产出服务化平均深度上看，目前在我国产出服务化开展情况较好的制造行业集中在计算机电子设备、仪器仪表等高技术型制造业领域。原因在于，高技术型制造业通常开展的服务多为软件开发、信息数据及其他专业服务、运营维护服务、工程服务以及整体解决方案服务，上述服务项目均属于技术、知识依赖度高且具有高附加值特征的服务项目，高技术型制造企业以此可获取丰厚收益。

第二，部分制造行业的服务收入主要来源于房地产类业务，在纺织服装服饰业内这一现象尤其明显。这类属虚拟经济的服务项目占用了大量企业资源，很可能分散制造企业在核心业务上的竞争力。此种"脱实向虚"现象值得高度警惕。

第三节　实施产出服务化的中国制造业绩效分析

本章前两节分别从"产出服务化广度"和"产出服务化深度"两个角度对中国制造业实施产出服务化的状况进行分析,并就不同制造行业产出服务化特征进行讨论。接下来,本节将在前文分析的基础上,进一步对实施产出服务化的中国制造业绩效实际状况进行研究,为后文中关于制造业产出服务化影响制造业绩效的实证分析做好铺垫。

一、制造业绩效指标选取

制造业绩效在目前的研究中通常被分为两类,其一为制造业市场绩效,反映的是一定市场结构下,制造企业的市场表现与其他同时期、同行业竞争者相比较体现出的市场价值;其二为制造业财务绩效,这类绩效基于制造企业的财务信息,直接反映制造企业一定时期内的经营成果。制造业的市场绩效和财务绩效对制造企业经营成果的评价是基于不同角度展开的,在制造业产出服务化与制造业绩效关系的研究中,通常也将市场绩效和财务绩效分开讨论。需要说明的是,本书讨论的制造业绩效是指制造业的财务绩效。

本书选择总资产报酬率(ROA)作为制造企业绩效的衡量指标。ROA 的计算公式为:

$$ROA = (净利润/资产总额) \times 100\% \qquad (4-1)$$

ROA 是利用企业净利润计算的财务指标。从计算公式可以看出,ROA 能够计算出平均每单位资产创造的净利润水平。因此,这一指标既能反映出一个企业的盈利能力,也能体现一个企业对资产的利用效率。本书在前文进行机理分析时指出,制造业产出服务化对制造业绩效的影响作用实际上是制造企业通过合理安排和利用其控制的组织资源、资产,尤其是知识资产从事服务项目带来的范围经济。基于这一理论和 ROA 的基本含义,本书认为选择ROA 来衡量制造业绩效是合理、恰当的。

二、实施产出服务化的中国制造业绩效分析

与前文一致,本节的分析对象为食品制造业、纺织服装服饰业、医药制造业、通用设备制造业、专用设备制造业、汽车制造业、计算机通信及电子设备制造业、电气机械和器材制造业以及仪器仪表制造业共计9个制造行业,选取的样本是上述9个制造行业内沪、深两市上市公司中从事服务项目、形成并明确记载服务收入的企业。样本数据来源为国泰安CSMAR数据库的公司研究系列,数据的时间范围是2012—2019年。下文中不同制造行业的ROA水平为利用行业内样本企业ROA数据计算得出的均值。

(一)总体情况

如表4-21所示,2012—2019年本书选择的9个实施产出服务化的制造行业ROA均值时降时升,2019年均值(4.26%)较2012年均值(4.28%)略降。制造业整体绩效变动情况与现阶段我国经济增速放缓大背景相呼应,制造业绩效略滑很可能与经济周期有关。毋庸置疑的是,现阶段是我国经济转型的关键时期,制造业需要对传统的增长方式做出调整,通过向成熟的服务型制造模式转型(后文述及),并尽早走出其中陷阱(后文述及),以期成功实现产业转型升级。

表4-21 9个代表性制造行业2012—2019年ROA整体情况 (单位:%)

行业/年份	2012	2013	2014	2015	2016	2017	2018	2019
食品制造业	3.12	5.22	5.37	9.23	7.49	6.75	6.83	6.21
纺织服装服饰业	4.47	2.79	6.12	3.65	3.15	4.56	4.89	4.64
医药制造业	6.20	7.25	6.86	6.45	6.29	6.33	6.54	6.59
通用设备制造业	5.01	4.43	3.18	3.72	2.54	2.78	3.37	4.78
专用设备制造业	3.08	2.51	2.98	0.67	2.46	2.43	2.39	2.35
汽车制造业	7.20	5.79	3.35	3.68	4.61	4.33	4.21	4.26

续上表

行业/年份	2012	2013	2014	2015	2016	2017	2018	2019
计算机通信及电子设备制造业	3.03	2.68	3.23	3.57	2.87	3.03	3.12	3.31
电气机械和器材制造业	3.67	3.81	4.70	3.95	3.28	3.74	3.60	3.55
仪器仪表制造业	2.70	2.79	4.59	3.13	2.61	2.67	2.71	2.68
均值	4.28	4.14	4.49	4.23	3.92	4.06	4.18	4.26

注：根据国泰安 CSMAR 数据库数据计算绘制而成。

（二）分行业情况

9 个实施产出服务化的制造行业绩效总体均值在 2012—2019 年间出现轻微下滑，但不同行业在此 8 年间绩效实际变动情况还是有一定差异的。下文予以展开讨论。

2012—2019 年，食品制造业绩效总体呈现增长态势，但中间若干年份波动较大；纺织服装服饰业绩效总体呈现略增态势，但中间若干年份波动亦较大，很可能因为纺织服装服饰业产出服务化主要依靠房地产项目，而房地产项目受宏观调控影响较大，业绩极易出现波动，由此对纺织业的总资产报酬率产生冲击。

2012—2019 年，专用设备制造业绩效整体呈现下降态势，个别年份如 2015 年绩效波动很大，原因不明。而此期间该行业产出服务化平均深度变化态势如下：先出现下滑趋势，直至 2016 年才有所回升。整体而言，这 8 年期间专用设备制造业产出服务化平均深度微升。因此，专用设备制造业产出服务化深度与其绩效之间可能存在非线性关系。

2012—2019 年，绩效时升时降或时降时升、波动不定的制造行业涉及医药制造业、通用设备制造业、汽车制造业、计算机通信及电子设备制造、电气机械和器材制造业以及仪器仪表制造业。而上述制造行业产出服务化平均深度在此期间总体呈现上升态势，这意味着上述制造行业产出服务化与其绩效之间很可能呈现非线性关系，即制造业产出服务化不一定能促进其绩效增长，原因何在，值得后文深入探讨。

三、本节小结

分析实施产出服务化的 9 个制造行业绩效的情况，得出以下两个结论：

第一，2012—2019 年，9 个实施产出服务化的制造行业 ROA 均值时降时升或时升时降，2019 年均值较 2012 年均值略降。现阶段中国经济增速明显放缓，制造业绩效轻微下滑与这一形势背景相呼应，说明经济周期等基本面因素很可能影响到制造业绩效提升，亦表明我国制造业转型升级已刻不容缓。

第二，2012—2019 年，不同制造行业的绩效具有不同表现：食品制造业、纺织服装业绩效增长或微增；专用设备制造业绩效下滑；多数制造行业如医药制造业、通用设备制造业、汽车制造业、计算机通信及电子设备制造、电气机械和器材制造业以及仪器仪表制造业，绩效均时升时降或时降时升、波动不定。结合这些制造行业在此期间产出服务化深度变化态势分析可以发现，绝大多数制造行业产出服务化对其绩效的影响很可能呈现非线性关系。

第四节　本章小结

本章从产出服务化广度、产出服务化深度两个层面对中国制造业实施产出服务化的状况进行了分析，并在此基础上对实施了产出服务化的中国制造业的绩效情况进行了讨论。本章得出了以下 4 个结论。

第一，不同类型的制造行业，在产出服务化导入倾向和结构上存在差异。计算机通信和其他电子设备制造业、电气机械和器材制造业、仪器仪表制造业这几个技术水准相对较高的制造行业在咨询服务以及软件开发、信息数据及其他专业服务等技术含量较高、知识依赖性较强的服务项目上具有较高导入率，而其他制造行业在导入服务时通常更重视技术咨询、销售、流通类业务以及维修保养等对其制成品具有较强辅助、支持作用的服务。

第二，从产出服务化的平均深度上看，目前在我国产出服务化开展情况较好的制造行业集中在高技术型制造业。其原因是高技术型制造业通常开展的服务涉及软件开发、信息数据及其他专业服务、设计与开发服务、外包和运营服务以及解决方案服务这类技术、知识依赖度高且具有高附加值特征的服务项目，可为高技术型制造业企业带来丰厚收益。

第三，对产出服务化广度、深度的分析都发现当下中国的制造业内存在"脱实向虚"的现象，应当引起关注和警惕。部分制造企业的产出服务化主要是从事房地产开发、房屋中介、物业管理以及旅游开发等与制造企业本身经营的产品和制造业务不匹配、不相关的服务活动，说明当下中国制造业内尚有部分企业将大量资源投向了"虚拟经济"领域，这类服务项目虽然短期内也能为企业带来高利润，但长期看来可能分散制造企业在其核心生产制造环节的注意力，且相对于实体经济更容易受到经济周期变动的影响，制造企业大规模地开展此类服务项目会带来很大的隐患。

第四，综合中国 9 个制造行业产出服务化和绩效状况分析，初步推断出绝大多数制造行业产出服务化与其绩效之间的关系很可能是非线性关系。

下一章将就制造业产出服务化对其绩效的影响进行实证分析，检验这种影响是否为非线性的，并基于产出服务化行业异质性，对不同类型制造业产出服务化对其绩效影响展开深入讨论。

第五章

产出服务化对中国制造业绩效影响分析——服务化陷阱客观存在

第一节 基本假设与模型设定

一、基本假设

由前文的机理分析可知,产出服务化提升制造业绩效的途径有三条,其中直接途径有两条,间接途径有一条。直接途径一:开展新业务的成本弱增,实现范围经济;直接途径二:经营业务沿价值链延伸向高附加值的服务部门,带来利润增加。间接途径:制造业产出服务化通过促进差异化竞争,形成垄断力量,提升市场势力,获取潜在的竞争优势和收益。这三条途径意味着,产出服务化既可以直接影响制造业绩效,也可能通过差异化机制这一中介机制作用于制造业绩效。

与此同时,由于制造企业拥有的组织资源(涉及设备资产与知识资产及企业规模)是开展产出服务化的重要支撑,制造业产出服务化对制造业绩效的提升作用还会受制造企业本身组织资源条件的限制和影响。具体体现如下:第一,制造企业组织资源的总体水平与其扩张经营范围的能力呈正相关关系,与组织资源状况不相匹配的制造业产出服务化可能会降低利润水平;第二,制造企业资产专用性较强时可能抑制范围经济,为制造业产出服务化带来成本负担,进而对制造业绩效存在负面影响;第三,制造企业所拥有的知识资产多寡与制造业产出服务化产生的范围经济密切相关,是制造业产出服务化提升制造业绩效的关键;第四,对于不同特质的制造企业(如不同技术水准型的制造企业)而言,企业规模在产出服务化对制造业绩效的影响中可能起正向调节作用,也可能起负向调节作用。

此外,现状分析的结果表明当下中国制造业不同行业的产出服务化发展状况、绩效状况存在较大差异,因此在实证分析中必须考虑行业异质性。

根据以上分析,提出本章的基本假设如下:

假设一 产出服务化对制造业的绩效有影响,此种影响可能是线性的,也可能是非线性的。

假设二 若干制造业行业实施产出服务化对制造业绩效的影响可能呈线性，且存在正向、负向影响的不同可能。

假设三 若干制造业行业实施产出服务化对制造业绩效的影响较大可能呈现非线性，且其中若干行业的产出服务化—绩效曲线存在一个以上的拐点。

另外，本章还考虑了可能的中介作用和调节作用，补充以下假设：

假设四 市场势力在产出服务化对制造业绩效的影响中起中介作用。

假设五 知识资产在产出服务化对制造业绩效的影响中起正向调节作用。

假设六 资产专用性在产出服务化对制造业绩效的影响中起负向调节作用。

假设七 企业规模在产出服务化对制造业绩效的影响中可能起正向调节作用，也可能起负向调节作用，因不同特质的制造企业呈现出不同差异。

二、模型设定

基于上述假设，本书建立了两个回归模型，分别考察加入调节变量前后制造业产出服务化水平对制造业绩效的影响。

$$\text{Performace}_{i,t} = \beta_0 + \beta_1 \text{Ser}_{i,t} + \beta_2 \text{Ser}_{i,t}^2 + \beta_3 \text{Ser}_{i,t}^3 + \beta_4 \text{SPEC}_{i,t} + \beta_5 \text{MKP}_{i,t} + \beta_6 \text{SC}_{i,t} + \beta_7 \text{IA}_{i,t} + \beta_8 \text{SCALE}_{i,t} + \beta_9 \text{AGE}_{i,t} + \mu \quad (5-1)$$

$$\text{Performace}_{i,t} = \beta_0 + \beta_1 \text{Ser}_{i,t} + \beta_2 \text{Ser}_{i,t}^2 + \beta_3 \text{Ser}_{i,t}^3 + \beta_4 \text{SPEC}_{i,t} + \beta_5 \text{MKP}_{i,t} + \beta_6 \text{SC}_{i,t} + \beta_7 \text{IA}_{i,t} + \beta_8 \text{SCALE}_{i,t} + \beta_9 \text{AGE}_{i,t} + \beta_{10} \text{SPEC}_{i,t} \times \text{Ser}_{i,t} + \beta_{11} \text{SC}_{i,t} \times \text{Ser}_{i,t} + \beta_{12} \text{IA}_{i,t} \times \text{Ser}_{i,t} + \beta_{13} \text{SCALE}_{i,t} \times \text{Ser}_{i,t} + \mu \quad (5-2)$$

式中，Performance 为制造业绩效；Ser 为产出服务化水平，模型中包含该变量的高次项；SPEC 为资产专用性；MKP 为市场势力；SC 为人力资本结构；IA 为无形资产；SCALE 为企业规模；AGE 为企业年龄。模型中各变量的下标 i、t 分别标记对应观测个体与观测年份。各变量的具体定义和指标选取将在下文中予以说明。

第二节　指标选取、描述性统计与计量检验

一、变量定义、指标选取与数据来源说明

本章中的企业样本为食品制造业、纺织服装服饰业、医药制造业、通用设备制造业、专用设备制造业、汽车制造业、计算机通信和其他电子设备制造业、电气机械和器材制造业以及仪器仪表制造业 9 个制造行业中于沪、深两市挂牌交易的上市公司。本章的实证分析中所涉及的上市公司年报数据均取自国泰安 CSMAR 数据库中的公司研究系列，数据时间范围为 2012—2019 年，剔除部分 ST 股和缺失数据的样本，最终得到包含 1464 条有效观测对象在内的非平衡面板。

结合前文的分析，本书对模型变量定义和相应指标的选取解释如表 5-1 所示。

表 5-1　变量、指标名称与对应假设

变量名称	选取指标	变量性质	对应假设
制造业绩效（Performance）	总资产报酬率（ROA）	因变量	
产出服务化水平（Ser）	产出服务化深度	主要解释变量	假设一、假设二、假设三
市场势力（MKP）	勒纳指数	控制变量、中介变量	假设四
知识资产	人力资本结构（SC）无形资产价值（IA）	控制变量、调节变量	假设五
资产专用性（SPEC）	固定资产价值在总资产中占比	控制变量、调节变量	假设六

续上表

变量名称	选取指标	变量性质	对应假设
企业规模（SCALE）	员工总数	控制变量、调节变量	假设七
企业年龄（AGE）	企业成立年限	控制变量	

（1）因变量：制造业绩效（Performance）。本书主要关注产出服务化对制造企业收入水平、利润水平的影响，因此选择制造企业的财务绩效作为模型的因变量，采用总资产报酬率（ROA）来度量。

（2）主要解释变量：产出服务化水平（Ser）。本书以第四章中提到的"产出服务化深度"，即制造企业的服务收入占总营业收入的比重测度该变量。一些制造业产出服务化的相关实证文献在测度该变量时采用了"制造企业开展服务项目的数量"这一指标，原因是制造企业不会直接公布其服务收入，数据难以收集。上市公司的年报中公布按行业分类或按产品分类的营业收入数据，本书以表4-1的制造业产出服务化的服务项目分类为依据，对这些数据进行筛选和整理，从中提取制造企业的服务收入。模型中引入了Ser的高次项，以检验产出服务化与制造业绩效关系曲线的形状。

（3）控制变量、中介变量与调节变量：

①市场势力（MKP）。指企业在市场上对价格的影响能力，是企业垄断力量的一种表现，通常用勒纳指数进行估计：

$$L = (P - MC)/P \qquad (5-3)$$

式中，L 即勒纳指数，P 为产品价格，MC 为边际成本。本书参考 Kale 和 Loon（2011）以及闵连星（2016）的做法，采用制造企业年报中公布的主营业务收入和主营业务成本近似代替产品价格和边际成本，计算勒纳指数的具体数值。

本书采用人力资本结构（SC）、无形资产（IA）两个变量测度制造企业拥有的知识资产价值。知识资产中，显性知识资产含人力资本、知识产权和市场资源等。其中，市场资源相对难以衡量，人力资本可以体现在企业的人才结构中,因此采用"本科及以上学历的员工占员工总数比例"这一结构指标来衡量企业人力资本状况。会计意义上的狭义无形资产主要包括了专利、技术、著作权、商标权等知识产权以及商誉、土地使用权,因此本书选择"无形资产"这一指标近似地衡量包括知识产权在内的其余知识资产的状况,对该指标取对数处理。

②资产专用性(SPEC)。即制造企业控制和拥有的企业内部资源的专用性,本书参照李青原和王永海(2007)以及闵连星(2016)的研究,以固定资产占总资产的比重来表示该变量。

③企业规模(SCALE)。企业规模能够反映企业组织资源的情况,决定了企业在市场中进一步获取资源的能力,同时也可能直接影响企业绩效。本书采用上市公司年报中公布的员工总数衡量该指标,为保证实证中各变量数量级的一致,亦对其取对数处理。

④企业年龄(AGE)。通常认为,企业成立时间越长,其经营经验越丰富、管理制度越完善,绩效水平也越高。因此模型中需要加入"企业年龄"这一控制变量,以观测年份与企业成立年份之差表示。

二、描述性统计及计量检验

(一)变量描述性统计

变量的描述性统计结果如表5-2所示,表中列出了回归模型包含的全部变量的观测值、均值、最大值及方差。

表5-2 变量描述性统计结果

变量	ROA	Ser	SPEC	MKP	SC	IA	SCALE	AGE
观测值	1464	1464	1464	1464	1464	1464	1464	1464
均值	0.052	0.161	0.181	0.453	0.312	17.93	7.873	16.73
最大值	0.473	0.957	0.743	0.959	0.964	25.12	13.01	46
方差	0.069	0.215	0.133	0.187	0.212	1.635	1.256	6.043

（二）实证前各项检验结果和处理方式

变量相关性的检验是建立计量模型的基础，检验结果如表5-3所示。

表5-3 变量相关系数检验及方差膨胀因子检验结果

变量	ROA	Ser	SPEC	MKP	SC	IA	SCALE	AGE
ROA	1.000							
Ser	-0.039	1.000						
SPEC	-0.103***	-0.174**	1.000					
MKP	0.533***	0.051	-0.091	1.000				
SC	0.072*	0.405***	-0.375***	0.293***	1.000			
IA	0.037	-0.081**	0.070	-0.135**	-0.062***	1.000		
SCALE	0.135***	-0.089***	0.059	-0.230*	-0.183*	0.734**	1.000	
AGE	0.011	-0.008	0.115***	-0.071**	-0.151*	0.079*	0.171	1.000
VIF	MEAN 1.53	1.35	1.27	1.18	1.52	1.91	2.31	1.13

注：表内各系数上标的"*"表示显著性水平，***表示$p<0.01$，**表示$p<0.05$，*表示$p<0.1$。

值得注意的是，制造业产出服务化水平与绩效的相关系数并不显著，可能是由于存在非线性关系的原因，需要在实证环节进一步讨论。表5-3最下方列出了方差膨胀因子检验的结果，VIF的最大值为2.31、均值为1.53，都未超过10，表明这些变量在回归模型中不存在多重共线性的问题。

因本书使用的是一个期数为8的短面板，实证分析中可不考虑自相关问题。

面板单位根的检验结果如表5-4所示，该检验的原假设为存在面板单位根，采用4种方法对面板单位根进行检验，并分别汇报4个统计量，任一个统计量拒绝原假设都说明数据通过检验。从表5-4的结果可知，本书使用的所有变量都是平稳的，不存在面板单位根。

表 5-4 面板单位根检验结果（费雪式检验）

	ROA	Ser	SPEC	MKP	SC	IA	SCALE
P	932.0328 (0.000)	541.8253 (0.000)	723.6303 (0.000)	471.2363 (0.000)	483.3972 (0.000)	629.5302 (0.000)	715.8253 (0.000)
Z	-7.3574 (0.000)	1.1239 (0.0122)	-7.0128 (0.000)	-3.2071 (0.0126)	-5.2391 (0.000)	-2.7152 (0.004)	-2.7180 (0.0101)
L*	-17.8243 (0.000)	-5.8091 (0.000)	-19.6325 (0.000)	-7.8209 (0.000)	-11.7305 (0.000)	-15.0789 (0.000)	-7.8579 (0.000)
PM	18.7501 (0.000)	7.3127 (0.000)	12.8987 (0.000)	5.8203 (0.000)	11.1976 (0.000)	16.8123 (0.000)	8.3421 (0.000)

最后，在对模型 5-1、模型 5-2 进行异方差检验时，发现两个模型都存在明显的异方差，为保证实证回归的质量，将在实证操作中对模型的异方差问题进行修正。

第三节 三个层面的实证结果及分析

一、全行业面板的实证结果及分析

由于模型未通过异方差检验，因而本书采用广义最小二乘法（GLS）进行回归，可对模型的异方差问题进行控制和修正。全行业面板的回归结果如表 5-5 所示，其中，表右侧的 3 列数据汇报各变量的回归系数和显著性，表最下方的 W 值汇报模型整体的显著性。

表 5-5 中，列（1）为仅含产出服务化水平变量和其高次项的模型，在本分析中起参照作用。回归结果显示，在加入控制变量和调节变量前，产出服务化水平的高次项均不显著，且方程的整体显著性较差。列（2）、列（3）分别为式（5-1）和式（5-2）的回归结果，可见模型的整体显著性已较列（1）有显著提高，说明在模型中引入控制变量和调节变量是合理的。

表 5-5 产出服务化影响制造业绩效的实证结果（全行业面板）

变量	回归系数		
	（1）	（2）	（3）
Ser	-0.0287*	0.0233*	0.0759***
Ser^2	0.0536	-0.0843**	-0.0622**
Ser^3	-0.0293	0.0619**	0.0835**
SPEC		-0.0543***	-0.0431***
MKP		0.1943***	0.2231***
SC		-0.0389**	-0.0127*
IA		-0.0172**	-0.0118**
SCALE		0.0252***	0.0235***
AGE		0.0003**	0.2363
SPEC×Ser			-0.0186
SC×Ser			-0.0532**
IA×Ser			0.0053*
SCALE×Ser			-0.0189*
Cons	0.0613**	-0.0139***	-0.0673***
W 值	18.72**	8430.36***	7083.59***

注：列（1）为仅含制造业产出服务化水平变量和其高次项的模型，列（2）、列（3）分别为式（5-1）和式（5-2）的回归结果。表内各系数上标的"*"表示显著性水平，*** 表示 $p<0.01$，** 表示 $p<0.05$，* 表示 $p<0.1$。

全行业面板的回归结果显示如下：

（1）主要解释变量制造业"产出服务化水平"及其高次项均显著。其中，二次项的回归系数显著为负，一次项、三次项的回归系数显著为正，说明产出服务化水平与绩效之间存在曲线关系，且大体走势为前凸拐点、后凹拐点的"飞龙型"，印证了产出服务化对制造业绩效的影响具有非线性、多拐点特征的假设。

（2）衡量制造企业组织资源、知识资产状况的控制变量中，企业规模对制造业绩效的影响显著为正，与此前的分析一致；资产专用性对制造业绩效的影响显著为负，这一结果与多数实证文献得到的结论一致，由于资产专用性反映了"沉没成本"，资产专用性高的企业对快速变化的市场环境难以及时反应和调整，因而可能对其绩效产生不利影响。人力资本结构、无形资产对制造业绩效的影响为负，与此前的分析相悖，原因可能如下：第一，在构建人力资本结构指标时采用了本科及以上人才占员工总数的比重，但当下我国劳动力市场的供需状况是饱和的，企业普遍要求入职员工有大学本科文凭，因此该指标可能不能很好地反映由制造企业拥有的专业、熟练员工形成的"人力资本结构"；第二，不同制造企业拥有和控制的无形资产结构不同，而知识产权类的无形资产与土地使用权等其他无形资产对制造企业绩效的影响显然不一样。资产专用性、人力资本结构、无形资产与企业绩效负相关的结果印证，制造企业应当配合自身的发展规划和发展战略合理配置资产，否则可能对其绩效产生负面影响。

（3）中介变量"市场势力"在式（5-1）、式（5-2）两个模型中均显著为正，说明在市场上具有一定垄断力量对制造企业的绩效提升有很好的促进作用。中介效应的检验结果（表5-6）显示，产出服务化水平对市场势力有显著正向的影响，结合模型（5-1）、模型（5-2）的回归结果，可以认为产出服务化能够通过促进制造业市场势力的提升进而提高制造业绩效水平。

表5-6 市场势力中介效应的检验结果（全行业面板）

变量	回归系数
	因变量 MKP
Ser	0.0635***
Cons	0.5073***
W 值	48.23***

注：表内各系数上标的"*"表示显著性水平，*** 表示 $p<0.01$，** 表示 $p<0.05$，* 表示 $p<0.1$。

（4）调节效应的检验结果显示，对于全行业面板，资产专用性对产出服务化影响制造业绩效的调节作用不显著；代表知识资产的变量中，无形资产的调节作用显著为正，人力资本结构的调节作用显著为负，说明中国制造业开展产出服务化主要依靠其专利技术等知识产权为主的无形资产，而制造企业内应当与产出服务化相匹配的人才队伍建设没有跟上，会对产出服务化形成阻碍；企业规模的调节作用为负，说明大企业虽然在获取更多发展资源上存在优势，但在开展产出服务化时也可能因为企业规模庞大、内部结构复杂等原因造成一定困难。

正如前文分析，中国不同制造行业产出服务化的发展水平、特征均不同，对全行业面板的回归可能掩盖行业异质性，因而本书将在下文中对9个代表性行业的面板分别进行回归。

二、各行业的实证结果及分析

各行业的实证结果如下。实证结果的表格中每个行业有两列回归系数，分别汇报模型（5-1）、模型（5-2）的回归结果。

食品制造业的回归结果（表5-7、表5-8）显示，产出服务化水平及其高次项对绩效均无显著影响；组织资源的相关变量中，资产专用性与绩效显著负相关，人力资本结构则与绩效显著正相关，无形资产、企业规模对绩效的影响不显著，说明该产业中以固定资产为主的专用性资产对绩效有不利影响；其余控制变量中，市场势力和企业年龄对该行业绩效均呈显著正相关，说明在食品制造业中，拥有较强的市场势力和丰富的经营经验的企业取得不错的收益；该行业的调节变量均不显著，说明食品制造业中产出服务化的发展仍处在较低水平；中介效应检验中，虽然得到产出服务化水平与市场势力呈负相关的结果，但由于产出服务化与制造业绩效之间不存在显著的相关关系，市场势力中介效应在该产业中不存在。食品制造业的回归结果不理想很可能是由于该行业样本数量较少，因此导致系数不显著。

纺织服装服饰业的回归结果（表5-7、表5-8）中，加入调节变量前，产出服务化水平及其高次项对绩效均无显著影响，但加入调节变量后，3次项显著为正,说明纺织服装服饰业中产出服务化与制造业绩效的关系曲线也呈前凸拐点、后凹拐点的"飞龙型"。控制变量中,资产专用性、人力资本结构和企业规模的回归系数显著为正,无形资产的回归系数显著为负,说明纺织服装服饰业的生产经营依赖于其拥有的固定资产等专用性资产和由接收过良好教育的员工形成的人力资本,而无形资产可能因为前文中提到的结构问题,不但不能支持该行业企业的发展,反而带来了不利影响;市场势力和企业年龄的回归系数则均不显著。纺织服装服饰业的调节变量中,企业规模和资产专用性能够显著、正向地调节产出服务化对制造业绩效的影响,而无形资产则发挥显著负向调节作用,其余调节变量不显著,说明纺织服装服饰业开展产出服务化更多地依靠固定资产和人力资本的投入。此外,由于纺织服装服饰业的市场势力对绩效没有显著影响,其中介效应不成立。

医药制造业的回归结果(表5-7、表5-8)中,产出服务化水平和其二次项在两个模型中均显著,三次项则仅在加入调节变量后显著,结合系数的符号考虑,本书认为医药产出服务化与其绩效之间的关系曲线也呈前凸拐点、后凹拐点的"飞龙型"。控制变量中,市场势力和企业规模能够显著促进绩效的提升,企业年龄则对绩效有负向影响,可能由于该行业属技术密集型行业,新企业可能相较于老企业更具优势。调节变量中,资产专用性的调节作用显著且为负,说明资产专用性在该产业中不利于产出服务化的开展。中介效应的检验结果说明,在医药制造业,产出服务化能够显著提升企业的市场势力,并通过市场势力的提升对绩效产生积极影响。

表5-7 食品制造业、纺织服装服饰业、医药制造业产出服务化影响制造业绩效的实证结果

变量	回归系数					
	食品制造业		纺织服装服饰业		医药制造业	
	(1)	(2)	(1)	(2)	(1)	(2)
Ser	-0.2053	0.8325	-0.0072	0.3658	0.8743***	0.8034**
Ser^2	0.0149	0.4536	-0.6352	-0.4673*	1.2355**	-0.4109*
Ser^3	0.4061	-0.2037	0.7453	0.8823***	-0.7291	0.4031*

续上表

变量	回归系数					
	食品制造业		纺织服装服饰业		医药制造业	
	（1）	（2）	（1）	（2）	（1）	（2）
SPEC	-0.0627***	-0.0852***	0.2031**	0.1230**	0.0981	0.0060
MKP	0.0735*	0.0431	-0.0074	-0.0731	0.1088	0.3271***
SC	0.7325***	0.6340***	0.3057	0.5139***	-0.2083	0.0179
IA	0.0012	0.0031	-0.0233**	-0.0529***	-0.0927***	-0.0035
SCALE	-0.0039	-0.0052	0.0458	0.1015**	-0.0125	0.0727***
AGE	0.0040***	0.0051***	-0.0009	0.0083	0.0031	-0.0043***
SPEC×Ser		0.4381		1.8357***		-0.1917*
SC×Ser		0.6621		-0.9821		-0.0912
IA×Ser		-0.0623		-0.1284***		0.0614*
SCALE×Ser		-0.0371		0.2384**		-0.0308
Cons	-0.0625***	-0.1987***	0.0944	-0.3051	0.9023***	-0.0740
W值	1683.81***	1034.53***	134.57***	739.59***	72.81***	789.75***

注：表内各系数上标的"*"表示显著性水平，*** 表示 $p<0.01$，** 表示 $p<0.05$，* 表示 $p<0.1$。

表5-8 食品制造业、纺织服装服饰业、医药制造业市场势力中介效应的检验结果

变量	回归系数		
	食品制造业	纺织服装服饰业	医药制造业
Ser	-0.3704***	-0.1340***	0.3309***
Cons	0.2091***	0.5871***	0.6104***
W值	51.39***	83.70***	79.11***

注：表内各系数上标的"*"表示显著性水平，*** 表示 $p<0.01$，** 表示 $p<0.05$，* 表示 $p<0.1$。

通用设备制造业的产出服务化水平变量及其高次项在两个模型的回归结

果（表 5-9、表 5-10）中均显著，且符号一致：二次项为负，一、三次项为正，说明通用设备制造业产出服务化对其绩效的关系曲线也呈前凸拐点、后凹拐点的"飞龙型"。控制变量中，资产专用性、人力资本结构和无形资产的回归系数显著为负，市场势力、企业规模和企业年龄的回归系数显著为正；调节变量中人力资本结构和企业规模的调节作用均显著为正，而资产专用性的调节作用系数为负，但不显著。结合控制变量和调节变量的回归结果可知，通用设备制造业企业的人力资本虽然对其绩效的直接影响不理想，但对产出服务化的开展却有促进作用，而无形资产却没有发挥理想作用。另外，该产业市场势力的中介效应不成立。

专用设备制造业的回归结果（表 5-9、表 5-10）显示，加入调节效应后，回归模型的整体显著性受到了明显的影响，产出服务化变量的回归系数由显著变成不显著，同时调节变量只有资产专用性的交互项显著，说明在该行业中产出服务化对制造业绩效的影响可能不存在其他调节作用。考察没有加入调节变量的模型（5-1）的回归结果可以发现，专用设备制造业产出服务化与制造业绩效的关系曲线也存在两个拐点，但曲线的走势为前凹拐点、后凸拐点的"波浪型"，说明该行业的企业在开展产出服务化初期，绩效可能因为新业务带来的成本负担有所下降，随着产出服务化的继续发展，收入水平和盈利能力将得到显著提升，但这种提升作用将在产出服务化发展的后期达到最高点，如果企业不及时调整其经营模式，其绩效又将受到不利影响。另外，企业规模、市场势力对企业绩效有显著的正向促进作用，而资产专用性、人力资本和无形资本、企业年龄对绩效的影响则显著为负，市场势力的中介效应在该行业成立。

汽车制造业产出服务化水平与制造业绩效的关系走势与专用设备制造业类似（表 5-9、表 5-10），呈前凹拐点后凸拐点的"波浪型"，在产出服务化发展的后期存在绩效提升作用的最高点。资产专用性对企业绩效的影响为负，调节作用不显著；人力资本结构、企业规模对企业绩效的影响显著为正，调节作用亦不显著；无形资产对企业绩效的影响为负，调节作用也显著为负；企业年龄对企业绩效的影响较小，但系数为负。市场势力的中介效应在该行业亦存在。

表5-9 通用设备制造业、专用设备制造业、汽车制造业产出服务化影响制造业绩效的实证结果

变量	回归系数					
	通用设备制造业		专用设备制造业		汽车制造业	
	(1)	(2)	(1)	(2)	(1)	(2)
Ser	0.4051***	0.4463**	-0.2325***	0.0731	-0.5543***	0.0725
Ser^2	-1.5384***	-1.5327***	0.3872**	0.3091	1.8236**	3.5157**
Ser^3	1.4980***	1.7829***	-0.4155*	-0.3145	-1.7233**	-2.6129***
SPEC	-0.1359***	-0.2030**	-0.0617**	-0.0381*	-0.1930***	-0.1783***
MKP	0.2343**	0.3895***	0.3691***	0.3106***	0.5128***	0.5189***
SC	-0.0487***	-0.0921*	-0.0329**	-0.0348**	0.3297***	0.1753***
IA	-0.0113**	-0.0167***	-0.0051**	-0.0079	-0.0390***	-0.0189**
SCALE	0.0135***	0.0361***	0.0229***	0.0152***	0.0521***	0.0470***
AGE	0.0006***	0.0009**	-0.0019***	-0.0027***	-0.0032*	-0.0023
SPEC×Ser		-0.5974		-0.3941**		0.6894
SC×Ser		0.5572**		0.0781		-0.3628
IA×Ser		0.0233		-0.0257		-0.0814*
SCALE×Ser		0.0781***		0.0381		0.0833
Cons	0.3051***	0.3082***	-0.0713***	-0.0891**	0.5123***	0.0785
W值	579.35***	631.73***	1851.64***	536.81***	513.64***	489.27***

注：表内各系数上标的"*"表示显著性水平，***表示$p<0.01$，**表示$p<0.05$，*表示$p<0.1$。

表5-10 通用设备制造业、专用设备制造业、汽车制造业市场势力中介效应的检验结果

变量	回归系数		
	通用设备制造业	专用设备制造业	汽车制造业
Ser	0.0691	0.5519***	0.5546***
Cons	0.8253*	0.3295***	0.1811***
W值	0.64	271.82***	103.43***

注：表内各系数上标的"*"表示显著性水平，***表示$p<0.01$，**表示$p<0.05$，*表示$p<0.1$。

第五章 产出服务化对中国制造业绩效影响分析——服务化陷阱客观存在

计算机通信和其他电子设备制造业中，产出服务化的高次项在两个模型中均得到显著的回归结果（表5-11、表5-12），其中二次项的回归系数为负、三次项的回归系数为正，说明该行业产出服务化与制造业绩效的关系曲线呈前凸拐点、后凹拐点的"飞龙型"。与前文假设一致的结果有：资产专用性对企业绩效有负向影响，同时调节作用也为负；人力资本结构和无形资产的调节作用为正；企业规模和企业年龄都对企业绩效存在显著的促进作用。但是，企业规模对产出服务化影响制造业绩效的调节作用为负，意味着在这一行业中，规模较小的企业比大型企业开展产出服务化得到的收益更多。市场势力的中介效应在该行业成立。

电气机械和器材制造业的回归结果（表5-11、表5-12）中，产出服务化的三次项在两个模型中均显著为负。与前文的分析类似，该行业产出服务化与制造业绩效的关系曲线为前凹拐点、后凸拐点的"波浪型"，说明该行业的企业开展产出服务化时，绩效会随产出服务化水平的提高先降后升，达到绩效的最高点后再次下降。人力资本结构和企业规模的正向调节作用均在实证中得到验证，但资产专用性对绩效的影响和调节作用均不显著；人力资本结构、无形资产对该行业绩效均存在直接不利影响。另外，市场势力对产出服务化影响制造业绩效的中介效应在该行业成立。

仪器仪表制造业产出服务化水平变量的二次项在两个模型中均显著为负（表5-11、表5-12），意味着该产业产出服务化与制造业绩效的关系符合"飞龙型"曲线的形状。资产专用性、企业规模和企业年龄对绩效的直接影响与假设一致，资产专用性会对企业绩效造成不利影响，而企业规模和企业年龄对绩效则存在显著的提升作用，同时资产专用性的调节作用显著为负。与其他行业得到的结果类似的是，人力资本结构和无形资产对企业绩效的直接影响均显著为负；但作为调节变量与制造业产出服务化水平构成交互项时回归系数显著为正，说明二者还是能够促进产出服务化的开展的。另外，市场势力的中介效应在该行业不成立。

表 5-11 计算机通信和其他电子设备制造业、电气机械和器材制造业、仪器仪表制造业产出服务化影响制造业绩效的实证结果

变量	回归系数					
	计算机通信和其他电子设备制造业		电气机械和器材制造业		仪器仪表制造业	
	(1)	(2)	(1)	(2)	(1)	(2)
Ser	0.0523**	0.0083	-0.0803	-0.2309	0.1782	-0.3148
Ser^2	-0.1901***	-0.1811**	0.2393**	0.3769*	-0.6332*	-0.2731*
Ser^3	0.1348***	0.2351***	-0.4135**	-0.5392*	0.6169**	0.1319
SPEC	-0.0341***	-0.0089	0.0013	0.0050	-0.1725***	-0.2681*
MKP	0.1879***	0.2759***	0.3239***	0.2711***	-0.0051	0.1093**
SC	0.0163***	0.0235***	-0.0261**	-0.0310**	-0.1033**	-0.2351**
IA	-0.0089**	-0.0091*	-0.0082**	-0.0039**	-0.0321**	-0.0361**
SCALE	0.0231***	0.0157***	0.0198***	0.0231***	0.0439***	0.0511***
AGE	0.0003***	0.0010***	-0.0001	-0.0003	-0.0009	0.0007*
SPEC×Ser		-0.1711***		0.2033		-0.5250*
SC×Ser		0.1692***		0.2516**		0.5198**
IA×Ser		0.0230***		-0.0021		0.0780**
SCALE×Ser		-0.0126**		0.1051**		-0.0921*
Cons	0.0353***	0.0307*	-0.0104	0.0143	0.3321***	0.2353**
W 值	1631.35***	1571.19***	852.33***	675.37***	187.74***	125.87***

注：表内各系数上标的"*"表示显著性水平，*** 表示 $p<0.01$，** 表示 $p<0.05$，* 表示 $p<0.1$。

表 5-12　计算机通信和其他电子设备制造业、电气机械和器材制造业、
仪器仪表制造业市场势力中介效应的检验结果

变量	回归系数		
	计算机通信和其他电子设备制造业	电气机械和器材制造业	仪器仪表制造业
Ser	0.0235**	0.3211***	0.0181
Cons	0.3416***	0.8290***	0.7129**
W 值	23.53*	97.21***	0.19

注：表内各系数上标的"*"表示显著性水平，*** 表示 $p<0.01$，** 表示 $p<0.05$，* 表示 $p<0.1$。

分行业回归的结果说明，中国的制造业开展产出服务化对其绩效的影响确实存在很强的行业异质性，结果可归纳如下：

第一，大部分制造行业产出服务化与绩效的关系呈前凸拐点、后凹拐点的"飞龙型"，包括纺织服装服饰业、医药制造业、通用设备制造业、计算机通信和其他电子设备制造业以及仪器仪表制造业 5 个行业；制造业产出服务化与绩效的关系呈前凹拐点、后凸拐点的"波浪型"的有专用设备制造业、汽车制造业、电气机械和器材制造业 3 个行业；食品制造业产出服务化与绩效的关系不显著，可能是由于该行业样本数量较少。

第二，大部分行业资产专用性对绩效的直接影响为负，包括食品制造业、通用设备制造业、专用设备制造业、汽车制造业、计算机通信和其他电子设备制造业、电气机械和器材制造业以及仪器仪表制造业 7 个行业；部分行业的资产专用性在制造业服务化影响制造业绩效中发挥的调节作用为负，包含医药制造业、专用设备制造业、计算机通信和其他电子设备制造业以及仪器仪表制造业 4 个行业，纺织服装服饰业的这一调节作用则为正。其余行业的直接影响和调节作用均不显著。

第三，代表知识资产的两个变量中，无形资产在绝大部分行业中对绩效的直接影响为负，具体有纺织服装服饰业、医药制造业、通用设备制造业、专用设备制造业、汽车制造业、计算机通信和其他电子设备制造业、电气机

械和器材制造业、仪器仪表制造业 8 个行业，在食品制造业中则不显著，说明无形资产对制造业绩效确实存在不利影响，与全行业面板的回归结果一致，导致此不利影响的原因下文将予以探讨。以本科及以上学历员工占员工总人数比例表示的人力资本结构则除了在食品制造业、纺织服装服饰业、汽车制造业、计算机通信和其他电子设备制造业 4 个行业中对绩效的直接影响为正外，在其他行业均不显著或显著为负，说明中国制造业部分行业人力资本积累的状况仍有待改善。无形资产对产出服务化影响制造业绩效的调节作用仅在计算机通信和其他电子设备制造业显著为正，而人力资本结构的调节作用则在通用设备制造业、计算机通信和其他电子设备制造业、电气机械和器材制造业以及仪器仪表制造业 4 个行业显著为正。说明知识资产对中国制造业产出服务化影响制造业绩效的调节作用仅在少部分行业得到验证，知识资产对产出服务化的支持不足，可能恰恰是当下中国制造业存在"服务化陷阱"，难以成功实现向服务型制造转型的症结所在。

第四，企业规模在大部分行业都表现出对绩效的显著正向影响，说明大企业在经营中的确具有更大优势。企业规模的调节作用在纺织服装服饰业、专用设备制造业以及电气机械和器材制造业显著为正，但在计算机、通信和其他电子设备制造业和仪器仪表制造业则显著为负，在其余行业则不显著。说明在部分行业中，大企业开展产出服务化更具优势，但也存在若干较高技术水准型行业，大企业开展产出服务化时可能由于内部管理成本和交易成本高昂等原因，相较于小企业反而存在劣势。

第五，市场势力对产出服务化影响制造业绩效的中介效应在食品制造业、纺织服装服饰业、通用设备制造业和仪器仪表制造业 4 个行业中不成立，在其他行业则均成立。说明产出服务化的确在部分行业可以通过差异化机制提升市场势力，进而通过市场势力的提升促进其绩效水平得到相应的提升。

观察分行业的实证研究结果还能发现，虽然产出服务化影响制造业绩效的行业异质性十分明显，但有些行业得到的结果还存在相似性，接下来本书将尝试讨论这种相似性产生的原因。

三、不同技术型分组行业实证结果及分析

本书在进行机理分析时已经指出：制造业产出服务化实际上是制造业由专注制造环节的单一业务经营模式转而向多业务、多元化经营模式发展的一个过程和趋势，这种趋势与现代形式的专业化分工深化密切相关。现代形式的分工是一种以"迂回生产方式"为特征的分工，在迂回生产方式下，随着技术的持续进步，生产过程中专业化部门将越来越多，意味着产品工艺、工序越来越复杂。基于这一分析，本书认为在技术含量越高、工艺工序越复杂精密的制造行业，产出服务化可能会得到更好的发展，其影响绩效的作用或更明显。因此，在接下来的分析中，本书尝试以行业的技术含量为标准，对9个制造行业进行分组，并采用模型（5-1）、模型（5-2）进行回归，以考量不同技术性分组的制造行业产出服务化对制造业绩效的影响。

具体分类依据为：①食品制造业、纺织服装服饰业属轻工业，就我国这两个行业目前的发展情况来看，技术含量和工艺复杂度相对较低，因此将这两个行业划入"低技术组"；②国家统计局于2013年颁布了高技术行业（制造业）的分类标准，将R&D投入强度相对高的几个制造行业划为高技术行业，其中，医药制造业、计算机通信和其他电子设备制造业以及仪器仪表制造业大体包含在内，因此本书将这3个行业归为"高技术组"；③通用设备制造业、专用设备制造业、汽车制造业以及电气机械和器材制造业4个行业划为"中等技术组"。

以技术含量分组进行回归的结果如表5-13、表5-14所示。

表5-13　不同技术型制造业产出服务化影响制造业绩效的实证结果

变量	回归系数					
	低技术组		中等技术组		高技术组	
	(1)	(2)	(1)	(2)	(1)	(2)
Ser	-0.5237***	0.8445*	-0.0712***	-0.1982***	0.0529**	0.0348*
Ser^2	1.3984**	0.6904	0.3529***	0.3874***	-0.2181***	-0.1109**

续上表

变量	回归系数					
	低技术组		中等技术组		高技术组	
	(1)	(2)	(1)	(2)	(1)	(2)
Ser	-1.6831*	-0.5319	-0.1790***	-0.3502***	0.3021***	0.1371**
SPEC	-0.0575	-0.1104	-0.0614***	-0.0529***	-0.0325**	-0.0069*
MKP	0.1551***	0.1413***	0.3970***	0.3827***	-0.0128	0.2735
SC	0.4027***	0.3207***	-0.0041**	-0.0395*	-0.0383*	0.0083
IA	0.0023	0.0082	-0.0081*	-0.0095*	-0.0069*	-0.0093**
SCALE	-0.0052**	-0.0031	0.0269***	0.0318***	0.0139***	0.0235*
AGE	0.0031***	0.0057***	-0.0005	0.0001	0.0005	0.0003*
SPEC×Ser		0.0109		-0.2350**		-0.0936**
SC×Ser		-0.8327*		0.0713***		-0.1939**
IA×Ser		-0.0239		-0.0239*		0.0071***
SCALE×Ser		0.0535**		0.0065		-0.0231*
Cons	-0.0528	-0.1732***	-0.0831	-0.0914***	0.0071	-0.0005
W值	264.73***	312.32***	5289.31**	8537.32***	2123.09***	5139.31***

注：表内各系数上标的"*"表示显著性水平，***表示$p<0.01$，**表示$p<0.05$，*表示$p<0.1$。

表5-14 不同技术型制造业市场势力中介效应的检验结果

变量	回归系数		
	低技术组	中等技术组	高技术组
Ser	-0.3851***	0.7632***	0.0983***
Cons	0.7530***	0.3551***	0.6189***
W值	198.34***	419.32***	157.35***

注：表内各系数上标的"*"表示显著性水平，***表示$p<0.01$，**表示$p<0.05$，*表示$p<0.1$。

第五章 产出服务化对中国制造业绩效影响分析——服务化陷阱客观存在

低技术组在加入调节变量前制造业产出服务化变量及其高次项均显著，且二次项为正，一次项、三次项为负；加入调节变量后，该变量的高次项回归系数均不显著，只有一次项显著为正。虽然加入调节变量后，方程的整体显著性得到了一定改善，但由于其主要变量的显著性不佳，本书以模型（5-1）的回归结果为准，认为在低技术制造业中，产出服务化对制造业绩效的影响呈前凹拐点、后凸拐点的"波浪型"。控制变量中，市场势力、人力资本结构和企业年龄均对制造业绩效有显著正向影响，其余不显著；人力资本结构和企业规模的调节作用显著为负，其余不显著。另外，在低技术组中，市场势力的中介效应显著为负，说明产出服务化在这类行业的开展不能通过提升市场势力达到促进绩效的目的，反而还可能因为产出服务化导致企业市场势力下降。

中等技术组采用两个模型分别进行回归的结果显示，产出服务化对制造业绩效影响显著，且两个模型得到的回归系数符号基本一致。考察模型整体的显著性发现，加入调节变量后模型整体显著性有了很大的提升，因此本书认为应当以包含调节变量的模型（5-2）的回归结果为准。实证结果显示，中等技术组的行业实施制造业产出服务化对制造业绩效的影响呈前凹拐点、后凸拐点的"波浪型"，在产出服务化发展的后期对绩效的提升作用存在最高点。资产专用性、无形资产对制造业绩效的直接影响显著为负，对产出服务化影响制造业绩效的调节作用亦显著为负；人力资本结构对制造业绩效的直接影响虽然为负，但对产出服务化影响制造业绩效的调节作用显著为正；企业规模能够直接促进制造业绩效提升，但对产出服务化没有明显的调节作用；企业年龄对中等技术组制造业绩效影响不显著。中等技术组中，市场势力在产出服务化影响制造业绩效这一关系中具有显著的正向中介作用，意味着这一分组中的行业更可能通过实施制造业产出服务化获取市场垄断力量。

与前两组不同，高技术组产出服务化与制造业绩效之间存在明显前凸拐点、后凹拐点的"飞龙型"关系。模型（5-2）的总体回归结果更理想，所以以包含调节变量的模型（5-2）的回归结果为准。资产专用性对制造业绩效存在负向影响，且对制造业产出服务化影响制造业绩效有显著的负向调节作用；代表知识资产的两个变量中，无形资产虽然对制造业绩效的直接影响为负，却在开展产出服务化的过程中发挥了显著的正向调节作用；而人力资本结构对绩效的直接影响不显著，且调节作用显著为负，这说明高技术组的行业更多地依赖于包含专利技术等知识产权在内的无形资产实施产出服务化，并取得了良好收益，但其人力资本结构并不与实施产出服务化的需要相匹配，因此带来了负面影响。其余变量里，企业规模和企业年龄均能促进绩效提升，但企业规模与产出服务化水平的交互项显著为负，说明在高技术组，小企业更容易从实施制造业产出服务化中获利。此外，高技术组的市场势力中介效应成立。

通过将研究的样本企业以技术含量为标准重新分组进行回归得到的实证研究结果显示，不同技术含量的制造行业在发展产出服务化时的确有不同的表现，三个分组得到的产出服务化与制造业绩效的关系呈现出两类不同形态。

四、本节小结

实证环节根据文章假设从三个层面进行了计量分析，结合第四章的现状分析结果，可以得出以下基本结论。

第一，不同技术类型制造业产出服务化对绩效影响呈现不同曲线关系。具体而言，中、低技术型制造业呈前凹拐点、后凸拐点的"波浪型"，高技术型制造业呈前凸拐点、后凹拐点的"飞龙型"。产出服务化对中国不同技术水准类制造业绩效的影响均呈非线性的三次函数曲线形状（"波浪型"或"飞龙型"），均存在凹拐点，凹拐点左侧的区间体现为随着产出服务化水平提高，制造业绩效不升反降，此区间称为"服务化陷阱"。不同于常规的制造业服务化对其绩效提升有所裨益的理论分析，现实在此区间出现悖论，值得所有推行服务型制造转型的中国制造企业高度重视！

第二，食品制造业、医药制造业和汽车制造业三个服务化导入率偏低的制造行业中，组织资源对产出服务化的支持作用没有得到充分的发挥。在这3个行业中，资产专用性、人力资本结构、无形资产和企业规模4个调节变量与产出服务化水平的交互项基本都不显著，说明调节作用基本不存在。这是因为上述3个制造业相对而言产出服务化的发展水平不高，行业内多数企业尚未将经营的重心转向产出服务化，因此组织资源对产出服务化的支持作用不明显。

第三，在中、高技术型制造业中，市场势力的中介效应均显著存在。这说明中、高技术型制造业实施产出服务化能够使制造企业在差异化竞争中取得竞争优势，提升市场势力，并进一步提升其绩效水平。

第四，在高技术型制造业中，小企业实施产出服务化可能更具优势。高技术型制造业企业规模与产出服务化水平的交互项系数显著为负，意味着对于高技术型制造业而言，规模较小的企业反而能从产出服务化中获得较大收益。

第五，知识资产对高技术型制造业产出服务化开展及其绩效提升发挥重要作用。这与本书前文机理分析相一致，并证实了本章的主要假设。计算机通信和其他电子设备制造业、仪器仪表制造业这些高技术型制造业，多数企业主要经营软件开发、外包运营服务和解决方案服务等技术特征明显的服务项目。相应地，这些行业的人力资本结构、无形资产两个调节变量与产出服务化水平的交互项系数显著为正，说明这些制造业企业主要依靠企业所拥有和控制的知识资产推进产出服务化，并有效提升了企业自身绩效。这与前文的机理分析相吻合，无形知识资产价值越高、通用性越强的制造企业，愈趋向于向服务型制造转型而获取更高绩效。

对策篇

第六章

服务化陷阱产生的主要原因与中国制造企业走出服务化陷阱的微观对策总体思路

第一节 中国制造业服务化陷阱产生的主要原因

一、制造企业资产通用性不足，导致成本弱增性与范围经济优势难以彰显

前文机理分析表明，如果制造企业知识资产通用性得以充分发挥，成本弱增与范围经济优势则得以彰显，制造企业就能较长期处于产出服务化促进其绩效提升的良性互动区间。反之，如果制造企业资产偏重型装备化、实物化，无形的知识资产如技术、诀窍、品牌、渠道、管理经验等及作为重要无形资产的客户资源储备不足，换言之企业如果资产总体通用性较弱、专用性较强且偏实物化、重型化，则其向服务型制造转型将不利于提升绩效。实证分析也表明，资产专用性对制造业绩效影响显著为负。此类企业在进行向服务型制造转型，即在提供系统产品服务或产品服务一体化解决方案时，往往需要外购上述知识资产或资源以弥补自身不足，额外增加成本，难以实现成本弱增与范围经济。尤其低、中水准型的制造业，这些企业普遍没有市场势力，导致其客户资源不固定而分散，客户大多不确定，制造企业难以推出切实满足目标客户需要的针对性服务，难以创造绩效。综上所述，低、中水准型制造业一般也不掌握核心技术与诀窍，且技术人才储备往往不足，很难提供附加值高的系统产品服务或产品服务一体化解决方案，即便勉强拿出附加值较高的系统产品服务，也是建立在外聘人才或外购资源的基础上，导致成本强增，而客户往往对低、中水准型制造企业品牌依赖性并不高，导致制造企业很可能得不偿失。

二、制造企业无形资产结构畸化、技术创新乏力且服务型制造人才储备严重不足

此原因是服务化陷阱产生的重要原因，是第一个原因的深化分析。

实证分析结果表明，除高技术型制造业外，代表知识资产的无形资产价

值和人力资本结构两个变量未对低、中技术水准型制造业产出服务化的绩效产生促进效应,这是服务化陷阱产生的重要原因。马德林等(2012)分析了中国制造业上市公司无形资产的结构,指出当前中国上市公司投资无形资产时"拿地导向"明显强于"技术创新导向",无形资产当中,土地使用权的比重较专利技术的比重更高,这说明制造企业普遍存在拿地积极但技术创新乏力的局面。此外,制造企业,尤其低、中水准型制造企业服务型制造方面的人才极其匮乏。应用新一代信息通信技术于研发设计领域、管理供应链全程、管理产品生命周期、提供客户一体化解决方案、完成以制造企业为核心的总集成与总承包工程项目、把握智能服务新趋势创新客户增值服务等领域,无疑都需要高层次、制造服务融合型、创意型人才。制造企业,尤其低、中水准型制造企业上述领域服务型制造方面的人才储备是严重不足的。

三、低水准型制造业缺乏市场势力

这原因是其陷入服务化陷阱的重要原因。前文中对中、高技术水准型制造业的实证分析表明,市场势力在产出服务化影响绩效的过程中发挥显著正向中介效应。技术水准较高的制造业实施产出服务化,将优质服务与其实物制成品相融合,推出系统产品服务或一体化解决方案之后,有助于此类制造企业通过提供优质服务形成差异化竞争,获取更多竞争优势,巩固提升其市场势力进而提升其绩效。而低水准型制造业,技术实力及相关人才有限,难以凭自身实力推出较高技术水准与较高质量的服务吸引客户,即便投入较高成本外购资源推出较高技术质量水准的服务,也因该类企业缺乏市场势力、缺乏稳定客户群而难以取得可观持续的收入,最终导致其成本强增、绩效下滑。所以,低水准型制造业缺乏市场势力,是其陷入服务化陷阱的重要原因。

四、脱实向虚——开展混入式服务

此原因是不少制造企业陷入服务化陷阱的关键原因,也是最直接的原因。上文指出,制造业企业在财产与投资服务项目上的导入率较高,排在制造企业开展14个服务项目中的前几位,表明该服务项目是制造企业热衷于开展的热门服务项目之一。财产与投资服务项目，主要包含的是房地产开发、房屋中介、物业管理、金融投资以及旅游开发等与制造企业本身经营产品和制造业务不匹配、不相关的服务活动，制造企业热衷于开展此类服务项目，说明当下中国制造企业"脱实向虚"情形较为突出，值得警惕！此类混入式服务项目前期投入巨大，容易形成较大的沉淀成本。更重要的是，房地产投资等混入式服务项目与制造业主营业务并不匹配，不能有效延长制造企业价值链，更不能增强制造企业核心竞争力，属于投机性经营项目。这类投机性经营服务项目的盈利状况较大程度上受宏观经济与货币政策变动影响，当宏观经济过热、货币政策趋紧时，房地产类投资服务项目经营业绩易受较大冲击，盈利甚微，甚至可能难以弥补前期巨额投入成本而导致亏损。综上所述，开展混入式服务，是不少制造企业陷入服务化陷阱的关键原因。

依据前文机理与实证得出的服务化陷阱产生原因，对症下药，设计走出服务化陷阱的应对之策，详述见下节内容。

第二节 中国制造企业走出服务化陷阱的微观对策总体思路

一、转变观念，树立服务型制造（制造业服务化）理念

制造企业决策者需认识到，制造业向服务型制造转型，即制造业服务化转型，是顺应新一轮科技变革动产业变革的主动选择，是全球制造业发展之潮流。"互联网＋"背景下，信息技术、互联网技术与制造业的深度融合，推动制造变为"智造"，推动制造业向服务型制造转型，促使其提供系统产品服务或产品服务一体化解决方案，使之更契合市场需求及满足客户个性化需求，带动产业价值链升级。因此，制造业向服务型制造转型，即制造业服务化转型，是当今全球产业发展最显著的特征与趋势。

制造企业决策者还需认识到，制造业向服务型制造转型，是制造企业构

建差异化竞争、获取竞争优势的重要途径，亦是其赢取客户、提高客户满意度的重要路径。制造企业基于其知识资产（技术、诀窍、品牌、渠道、管理经验与客户资源）的通用性、稀缺性向客户提供其特有的且具不可复制性的系统产品服务或产品服务一体化解决方案，在市场上构筑差异化竞争优势，并且此种因制造企业知识资产通用性而生成的成本弱增性会产生范围经济优势，从而进一步地巩固强化制造企业的竞争优势。此外，由于制造企业向客户提供契合后者需求的系统产品服务或产品服务一体化解决方案，譬如在产品研发设计、售后交付、售后服务、在线维护等诸多环节都能切实考虑客户的需求，必能赢取新客户并增强老客户的黏性，提高客户满意度并增强市场势力。

总之，制造业向服务型制造转型，既是制造业发展趋势，又是制造业获取竞争优势、巩固并提升市场需求、带动产业价值链升级的必经路径。

二、夯实基础，增强资产通用性，充分挖掘无形知识资产潜能

制造企业知识资产稀缺性与不可复制性程度越高、价值越大，就愈趋向于服务型制造转型，因此亟需夯实企业知识资产基础，增强资产通用性。服务型制造企业需增强资产通用性，重视通用性强的无形知识资产如技术（人才）、诀窍、专利、品牌、渠道、管理经验及重要无形资产客户资源的积累与储备，从而实现成本弱增与范围经济，有助尽早走出服务化陷阱。

中、高技术型制造业应多发挥技术优势，巩固、强化技术创新，在技术（人才）、诀窍、品牌等领域积累、储备知识资产资源。此外，中、高技术型制造业龙头企业可利用互联网信息技术优势，领头构建一个全行业企业在线数据资源共享、协同整合创新的"云资源"平台，此类"云资源"平台运用新一代云计算技术与物联网技术，将各种制造资源数字化，行业内参与平台的制造企业共享数字资源与知识资产资源，上述企业既可充分享受外部经济性，又可增强自身资产通用性，并可使本企业总资产进一步轻型化，提升制造企业绩效。此外，此平台部分数据应允许客户以较低价格实时在线访问并取用，以提升客户满意度。

低技术型制造业，虽然没有技术优势，但也可有所作为。应调研市场、

找准定位，确立特定的目标客户群，针对特定目标客户群推出精准服务使后者愈趋满意而渐对企业品牌产生黏性；建立并巩固自身特有的品牌与渠道优势，学习总结管理经验控制成本以使成本弱增；等等。如此，低技术型制造业便可逐步积累储备客户资源、品牌、渠道、管理经验等通用性强的无形知识资产资源，形成自身特色与优势，在制造业向服务型制造转型进程中，亦可实现成本弱增与范围经济，有助尽早走出服务化陷阱。

三、培养人才，着力培养服务型制造人才，激发创新推动转型升级

人才资源亦属于企业的无形资产，此点对策是第二点对策的深化。服务型制造人才，属创新型人才，是推动制造业创新并向服务型制造转型升级的重要因素。服务型制造人才，属于高端复合型人才，制造企业应加快此类人才的培养、引进及储备，建设以"专业技术人才+技能人才+经营管理人才"为核心的制造业服务型制造转型工程的人才培育发展体系。制造企业应与高等院校、研究机构、中职院校加强合作，开展有针对性的人才培养及培训，尤其要培育以下领域的高层次、复合型、创意型人才：能娴熟运用新一代信息通信技术进行研发突破与设计创新的人才；能构建并提供制造企业信息增值创新服务的人才；能专业化管理制造企业供应链的人才；能专业化管理制造企业产品全生命周期的人才；能设计并构建制造企业客户一体化解决方案的人才；能高效运营管理以制造企业为核心总集成与总承包工程的人才；等等。政府有关部门也可在其中发挥牵线搭桥的作用，加大制造业服务型制造转型领域国际高端人才引进力度，并做好相关服务工作。制造企业只有拥有上述领域一大批服务型制造人才，方可激发创新并顺利向服务型制造转型升级。

四、培育市场势力，充分发挥市场势力对产出服务化影响绩效的中介效应，提升制造业绩效

中、高技术水准型的制造企业实施产出服务化，应将优质服务与其实物制成品相融合，推出系统产品服务或一体化解决方案，形成自身特有的竞争

优势，与对手差异化竞争、错位竞争，巩固提升其市场势力进而提升其绩效水平。低技术水准型的制造企业，虽无技术优势，但也可有所作为，此类企业应认真调研市场、找准定位，确立特定的目标客户群，针对特定目标客户群推出精准服务使后者愈趋满意而渐对企业品牌产生黏性。通过精准细致深入的服务，渐渐在目标客户群中形成自己的市场势力，亦可逐渐发挥出市场势力对产出服务化影响绩效的中介效应，进而提升自身的绩效水平，有助企业早日走出服务化陷阱。

五、变革运营组织模式，变革传统金字塔型组织结构，构建面向客户提供优质服务的网络性扁平组织新架构

借鉴中国优秀制造企业海尔公司的运营组织模式，中国传统制造企业如家电制造企业需要变革传统科层制组织运营模式，采取企业小微化与员工创客化的运营组织模式。传统企业科层制体现为"正三角"型，最底层是数量最多的员工，中间层是中层管理人员，最高层是企业最高管理者，最底层的员工只能服从于高层与中层的命令，缺乏主动性与创造性。传统的科层组织是封闭的，且以自我为中心，此种科层组织的制造企业往往不能准确、快速地反映用户需求，竞争力式微。因此，"互联网+"背景下，制造企业如家电制造企业应变革自身的组织架构，将原先像金字塔一样的科层组织变成一个网络性的扁平组织，充分调动一线员工的主观能动性与创造性，以紧密契合客户需求，实现全新的运营组织模式——员工创客化及企业小微化、平台化。

借鉴海尔模式，将原先制造企业的设计、采购、生产、营销等不同部门转变成数十甚至上百个小微企业，每一个都是独立核算的市场实体，制造集团对小微企业让渡三权：经营权、用人权与分配权。此外，制造集团转变成为小微企业提供资源与支持的终极平台（在小微企业与终极平台之间还存在为前者提供资源与支持的中间平台）。作为回报，小微企业开发出新产品，制造集团都占有一定股份。制造集团不少时候还充当风险投资人的角色，当然，小微企业也可另找风投或采取"用户支付"方式募集资金。以小微企业为平台，每名员工都是创客，直面市场需求，创新推出契合客户个性化需求的消费制成品。总之，"互联网+"背景下，传统制造企业需要变革自身的组织架构，将原先像金字塔一样的科层组织变成一个网络性的扁平组织，充分调

动一线员工主观能动性与创造性,以紧密契合客户需求,实现全新的运营组织模式——员工创客化及企业小微化、平台化。此种运营组织模式下,原制造集团的设计、采购、生产、营销等不同部门组成不同的小微组织,这些小微组织自力更生,它们都需"睁大眼睛"、快速寻找市场、开发新产品,希望创造出市场奇迹。无疑,此种全新运营组织模式的传统企业才能迅敏、准确地捕捉用户需求,才能在激烈的市场竞争中立于不败之地。

变革运营组织模式,除采取员工创客化与企业小微化模式外,还可采取企业平台化模式,即制造企业以互联网思维构筑互联互通、零距离交互的为客户提供优势服务的服务生态平台。移动互联网时代,消费品制造企业需要用"连接、分享、流动、认知"的互联网思维去构筑一个互联互通、零距离交互的服务生态平台,譬如发布服务微信公众号及相关APP。在这个平台上,消费品制造企业需要构筑"一站式消费品全生命周期解决方案"和"居家健康消费品解决方案"的服务生态圈,为用户提供送货安装、维修、清洗、二手产品回收、置换等一系列服务。

在这个服务生态平台中,将有更多的用户、服务以及相关方进入,围绕用户"家生活解决方案"构筑一个更大的服务生态圈。为了推动这一服务生态圈的形成,消费品制造企业服务平台可与社区服务等外部资源方进行合作,搭建一个更加完善和高质量的互联网消费品服务生态圈来满足用户快速变化的需求。依此思路,传统消费品制造企业转变成为一个开放并联的服务平台型企业。消费品制造企业围绕用户搭建起"家生活"的大服务生态圈,并不断吸引第三方资源进入,共同为用户提供一站式消费品服务和居家健康消费品解决方案,这正是对消费品企业平台化的有益探索。面对用户日趋多样化的个性化需求,这样的平台化服务体系无疑将满足用户个性化服务需求,实现全流程用户最佳体验的升级。

六、推动并购与建立产业同盟,促进高端制造业积极并购服务企业,或与后者建立产业开放同盟,实现"互联网+"时代背景下产业价值链的重构与整合

高端制造业如ICT制造业(信息与通信技术制造业)可模仿IBM积极并购咨询、信息软件服务企业,实现较快拓展全新业务领域,挖掘出新的盈利

增长点。被并购的服务企业有一个共同点：它们与高端制造企业的客户群有部分重叠，且是制造企业未来的技术发展方向。IBM 不仅并购了像普华永道这样的大型服务企业，而且还并购了一些虽规模较小但在自身领域已有成就的小型服务企业，以挖掘出新的盈利增长点。借鉴 IBM 经验，高端制造业如 ICT 制造业通过积极并购有技术及市场优势的各类规模服务企业，可开辟新的盈利增长点，并实现向服务型制造转型升级。

高端制造业如 ICT 制造业（信息与通信技术制造业）还可模仿谷歌公司，通过合作开发、资源共享、市场共享等方式建立紧密的利益共同体——产业开放同盟。同盟内的成员可实现合作共赢，不同同盟之间则展开激烈竞争。2007 年，谷歌公司以自己的影响力在 ICT 领域成立开放手机同盟，着手开发名为安卓的开放源代码的移动终端系统。谷歌的开放手机同盟成员包括了手机制造商、半导体公司、移动运营商、互联网公司与软件公司，同盟内部资源与市场共享。谷歌通过开放手机同盟，实现移动互联网产业上下游资源的整合，获取全面竞争优势，从而成功与苹果公司抗衡。总之，借鉴谷歌经验，高端制造业如 ICT 制造业可通过合作开发、资源共享、市场共享等方式建立紧密的利益共同体——产业开放同盟，从而实现合作共赢，充分发挥外部经济与共享经济优势。

综上所述，高端制造业不论是并购服务企业，还是构建产业开放同盟，都可实现"互联网＋"时代背景下产业价值链的重构与整合，以此发现新的机会与盈利增长点，提升制造企业绩效，有助制造企业尽早走出服务化陷阱并成功实现向服务型制造转型升级。

七、革新服务化模式，制造企业向服务型制造转型应"脱虚向实"——以嵌入式服务化模式取代混入式服务化模式

这一点对策尤为重要，下一章中将进行深入分析。

第七章

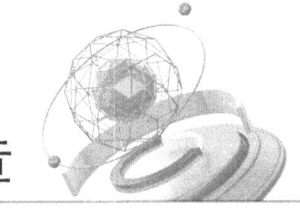

中国制造企业走出服务化陷阱最关键的微观对策——以嵌入式服务化模式取代混入式服务化模式

混入式服务化模式是指制造企业从事房地产开发、金融投资等与其自身经营产品和主营业务不匹配、不相关的财产及投资服务项目,此类"脱实向虚"的服务项目不能有效延长制造企业价值链,更不能增强制造企业核心竞争力,属于投机性经营项目。嵌入式服务化模式是指与制造企业产品或设备及主营业务在价值链上有紧密匹配关系、能有效延长制造企业价值链、增强制造企业核心竞争力的服务化模式。混入式模式是导致中国制造企业跌入服务化陷阱的关键原因,也是最直接的原因,对症下药,唯有以嵌入式服务化模式取代混入式服务化模式,方有助于中国制造企业走出服务化陷阱,这是最关键的微观对策,本章予以详细展开论述。本章根据不同类型制造业性质,从多个中外制造业向服务型制造转型的经典案例中,高度归纳提炼出7类12种嵌入式服务化具体模式,以供中国不同类型制造企业参考借鉴。详见以下各节内容。

第一节 普通易耗消费品制造业两种嵌入式服务化模式:个性定制设计兼大规模定制生产结合模式与无工厂生产者模式

普通易耗消费品制造业服务化模式具体有以下两种类型:个性定制设计兼大规模定制生产结合模式与无工厂生产者模式。

一、个性定制设计与大规模定制生产结合模式:以红领集团为例

纺织服装业属于普通易耗消费品制造业,是劳动密集型传统工业。我国纺织服装业的产业组织结构内,中小规模企业占多数,近10万家的各类纺织服装企业中,规模以上企业仅有1万多家。大量小规模的企业长期在纺织服装市场上进行着同质化严重的低成本激烈竞争,因此该行业也一直面临着劳动力价格升高带来的成本压力。与此同时,服装市场上消费者的需求愈发强

烈地向差异化、个性化定制产品倾斜。为实现产品的差异化、提高企业和品牌的竞争力，以求增强客户黏性和提升利润水平，一些纺织服装企业率先进行了制造业服务化模式的探索，并通过向服务型制造转型脱颖而出成为行业的佼佼者，红领集团就是其中的典型案例，其开创的"红领模式"已经开始在行业中推广。

在纺织服装业中一直共存着自动化的流水线生产和专业定制的手工制衣两种生产方式，两种方式分别占有不同的目标市场。传统的自动化生产具有标准化、大批量和低成本的特点，能为客户提供大量多种类物美价廉的服装产品，占有了容量庞大的大众市场，但难以做到针对不同客户一对一地个性化定制。由专业裁缝提供的手工定制服装业务可以实现为不同客户"量体裁衣"，根据客户需求的不同，手工制衣可以为每一个客户提供不同款式、不同用料、不同规格的产品，满足客户凸显个性的需要。但由于专业技术人员数量、能力有限，定制服装往往成本高昂、工期较长，主要针对的是以高端人士为首的客户群体。在这样的行业背景下，红领集团早在2000年就前瞻性地部署和发展了MTM（made to measure）业务。MTM业务即量身定制服务，是当下正在纺织服装业中蓬勃发展的新业务。MTM业务将生产与服务相结合、将个性定制设计和大规模定制生产相结合，兼有自动化生产和手工定制服装两种生产方式的优势，面向更为广阔的中高端市场。

红领集团的MTM业务建立在先进生产技术、全流程信息化和智能化的基础之上。红领是较早建立完整智能化生产线的企业，且其生产技术在国际上具领先地位。红领引进了包括CAD电脑制版系统、自动裁床、电脑自动剪裁系统和电脑自动线挂传输系统等在内的全自动生产设备，以及进行缝纫、整烫定型、黏合等工序的一系列专业设备，在服装生产的全程都实现了信息化和智能化。红领自主开发了专利量体工具，通过3D激光量体仪快速采集人体19个部位共22个尺寸的数值并储存数据，结合红领已经拥有的版型与设计元素数据库，在线迅速制版、编写生产工艺并确认预用料，之后直接与生产系统进行对接，生成每一件定制产品的专属电子芯片。在制造工序中，智能化设备通过读取和识别电子芯片中的相关定制信息，对不同的个性化要求采用不同的工艺。定制的服装生产完成后，又通过智能质检和数据驱动的分销、物流系统迅速完成出厂流程，最终送到客户手中。红领的规模定制生产大幅度地将定制服装的工期缩短到 7~10 个工作日，通过付出比传统批量生产高 10% 的成本，获得了超过两倍的收益①。

目前，红领将其 MTM 业务单独成立了专门公司"酷特智能"，专注"互联网+制造"的实践，自主开发出 C2M（customer to manufactory）平台，结合当下消费者的在线消费习惯，打造在线定制直销平台，为消费者提供更为便利的线上定制服务。此外，"酷特智能"也尝试经营一体化解决方案的服务业务，凭借自主开发的源点论数据工程（简称 SDE）产品，为制造业内其他有需求的工厂跨行业提供从传统制造业向互联网制造业转型的整体解决方案②。至此，红领集团仍在不断地拓展服务业务的种类、范围，持续深入地推进服务化进程。

二、无工厂生产者模式：以耐克公司为例

运动服装业是纺织服装业下的一个细分子行业，作为劳动密集型的轻工业，该行业对资本、技术的要求不高，且随着大众运动的推广普及，逐渐占领了容量庞大的大众市场。综上，运动服装业的市场进入的门槛较低，因此导致了行业内大量小规模厂商云集，早在 20 世纪 60 年代，全球运动服装产业就形成了由阿迪达斯、彪马等跨国经营的巨头企业与市场上众多中小规模企业共同构成的寡头垄断格局。彼时，由于影响力强的既有品牌较少，运动服装市场上以低成本竞争为主，中小企业市场竞争态势十分激烈，不少中小厂商为了降低生产成本，利用发展中国家低廉劳动成本的优势，纷纷将生产基地转移到东南亚、南美等地区。但随着这些发展中国家要素价格的上升，运动服装生产商可从制造环节获得的利润被一再压缩。与此同时，由于运动服装本身具有功能性服装的性质，随着行业发展与生活质量提升，无论是从事职业运动的专业消费者还是普通的大众消费者都对运动服装的技术含量有了更高要求。消费者期待更符合运动特性的产品，使得运动服装企业有动力在材料、设计、工艺上不断寻求突破。另一方面，运动服装当下正日益成为

---

①② 安筱鹏. 制造业服务化路线图 [M]. 北京：商务印书馆，2012：135-145.

人们为彰显个性而选择的潮流服饰，在选购时消费者越来越注重产品的外观设计是否美观、是否时尚、是否足够个性。运动服装产业的发展态势决定了该产业内的企业若要想取得进一步的发展，则势必要将重心由加工制造环节转向价值链两端的研发设计、销售、物流等服务环节，从这些环节中拓展新业务、创造新价值。

耐克公司在1972年正式成立时，须直接面对的是市场上已存在实力强大的在位厂商（阿迪达斯、彪马、Tiger等）和运动服装产业制造环节利润空间所剩无几的双重困难。后来者耐克一开始就选择了不同于传统的方式组织企业生产：着力开发新产品和大力推进品牌营销，但将生产环节完全外包给委托代工厂商。此后耐克逐步建立了以"无工厂生产者"为特征的新模式，在这种模式下，耐克将自己强大的产品设计开发能力与质检、品控严格的代工生产相结合，通过打造口碑品牌、建立庞大的代理分销网络实施全球营销战略。耐克的"无工厂生产者"模式具体来说就是"一外包三加强"：将生产环节外包，集中人力、物力、财力加强技术研发、品牌营销和供应链管理三个环节。耐克非常注重企业自主开发产品的能力，早在1980年就成立了耐克研发实验室，网罗了来自生物力学、生理学、生物医学工程、机械工程、物理、数学、运动学和系统科学等领域的研究人才。在高研发投入的支持下，耐克在行业内率先推出了气垫鞋产品，先后研发出 Nike Air、Air Max、Zoom Air 等气垫技术与 Flyknit 鞋面技术，还与 NASA 合作开发了 Lunarlon 登月缓震技术。耐克将新技术与不同运动活动的特征紧密结合，不断推出新产品[①]。同时，为满足消费者的个性化需求，耐克在官方网上商城中开始提供在线定制产品外观的服务，顾客在下单后只需要3~5周即可拿到属于自己的专属定制产品。在强化自主研发能力之余，耐克同样很重视品牌背后蕴含的巨大商业价值，每年会将20%以上的收入投入品牌推广和营销中，聘请符合品牌形象的国际运动巨星成为品牌代言人，以提高品牌影响力和消费者的认同度。此外，耐克还与专业信息公司和咨询公司合作，制定了一套简单高效的业务流程，建立了面向全球的供应链管理系统，对耐克在全球各地的分部施行统

---

① 引自：NIKE, Inc. Corporate Responsibility Report FY07 – 09.

一管理，与代工厂商、物流服务商、零售商等进行信息实时共享，以提高供应链的管理效率。

耐克将生产环节完全外包，整合企业资源用于价值链两端的研发和营销等服务环节，不仅使其成功地在市场上抢占了一席之地，从"后来者"成为"佼佼者"，这种"无工厂化生产者"的模式亦颠覆了整个运动服装产业的组织生产方式，并逐步推广到电子、汽车等制造行业，成为其他制造行业实施向服务型制造转型的一项新选择。

第二节 耐用消费品制造业三种嵌入式服务化模式：智能设计制造模式、多元金融服务模式与综合信息在线支持服务模式

耐用消费品制造业服务化模式具体有以下三种：智能设计制造模式、多元金融服务模式与综合信息在线支持服务模式。

一、智能设计定制制造模式：以海尔集团为例

耐用消费品工业中，家电业是一个极具特色的代表性行业。家电业的下游是广阔的零售市场，客户需求多样性强、更新变化快。尤其在当下，信息技术、智能科技以及物联网技术与家电产品加速融合，智能家电开始进入和改变人们的生活，消费者对家电产品的外观、功能提出了越来越多的新需求，甚至希望自己定义专属的家电产品。在这一趋势下，家电企业一方面要准确了解客户的需要，不断开发适应客户需求的新功能产品，另一方面要重视用户体验的反馈，及时更新既有产品、改进产品性能，才能培养和维持客户忠诚度。作为全球领先的白色家电品牌，海尔集团较早地提出和实施了向服务型制造转型。海尔在2005年制定的"全球化品牌战略"和2012年提出的"网络化战略"中都提出，海尔要将经营思路从"以企业为中心销售产品"调整为"以用户为中心卖服务"，实施以用户需求为驱动力的"即需即供"

制造模式，依托互联网经济打造一个平台型企业。

　　海尔的服务化模式以智能设计制造为特色，为客户提供大规模定制生产。"海尔众创汇"是海尔设立的在线交互泛定制平台，采取线上交互与线下体验相结合的方式，为客户提供个性化的产品定制服务。"众创汇"有三个定制功能，分别是专属定制、模块定制和众创定制。专属定制是基础定制服务，平台用户可以通过专属定制对欲购买的产品外观进行个性化的设计，海尔公司的专业设计人员会对用户提交的产品外观图和设计意愿进行审核，根据用户的意愿进行适当调整后，即可生成订单、投入生产，并由海尔提供专门的物流配送和安装。模块定制是基于模块化的生产方式提供的定制服务，模块化生产将产品按照一一对应的关系合理分割成不同功能的独立模块，由于零部件的标准化，装配时不同模块可以任意组合成功能不同但具有完整性能的产品。海尔提供的模块定制为用户提供了可选择的产品规格、样式以及功能菜单，用户按照需求选择定制项后会自动生成价格和确认购买页面，订单支付成功后海尔会为用户安排生产、质检出厂和送装一体等服务。专属定制、模块定制都是面向海尔既有的产品和功能提供的定制服务，当客户因特殊需求或创意想设计一款新产品时，可以通过"海尔众创汇"的众创定制功能实现。平台用户自由提交灵感和想法，生成众创任务，专业产品设计师认领后会根据用户的描述设计出概念产品方案，随后在平台中发起公开众投，方案的支持人数达标，会自动提交到后台，海尔的专业评审委员会就概念产品的可行性进行评估；在一系列快速认证后，该方案正式进入制造环节，用户可以在海尔的官方平台上进行预约购买，实物产品送达客户手中后，海尔还会及时采集用户体验反馈，以便对产品进行持续的更新迭代。众创定制模式下，海尔通过不断与客户进行交互将客户提出的概念、创意转化成实物产品[①]。

　　海尔利用"众创"与智能设计制造的结合，成功转型为集家电定制、商务、物流、安装和售后等功能于一体的家电产业平台服务商。基于这种服务化的模式，海尔和客户之间达成了"双赢"交易：海尔凭借互联网平台的便利性和企业智能化、模块化的柔性制造技术，以快速便捷的方式将满足客户

---

① 曹仰锋. 海尔转型：人人都是CEO [M]. 北京：中信出版社，2014.

需求的产品送到客户手中，与此同时，"众创"定制广泛收集了客户对未来家电产品的创意设想，也给海尔带来了源源不断的产品革新动力。

二、多元金融服务模式：以福特汽车公司为例

"福特制"这一标准化流水线作业的生产方式曾率先在汽车制造业实施和普及，开启了汽车这种大型耐用消费品的大规模生产时代，汽车逐渐从只有富人、上流阶层才能定制得起的奢侈品市场渐渐进入大众市场。随着汽车生产技术日益成熟，汽车生产厂商之间的竞争焦点集中在品牌、产品性能、质量和价格之余，还扩展到了服务环节，其中的一个重要的竞争领域就是汽车金融服务。汽车金融服务最早诞生在美国的汽车市场，脱胎于在美国风靡的消费信贷文化。消费信贷显著提高了消费者的购买力，促进潜在消费能力向实际消费行为的转化，从而刺激需求增长。汽车厂商正是看中消费信贷的这一特质，才纷纷扩展企业的业务链进入汽车金融领域。

福特汽车公司虽然不是在汽车市场上开创汽车金融服务先河的公司，但从1959年起，福特也顺应市场趋势在美国成立了独资信贷公司"福特信贷"，之后又以分公司或子公司形式逐步进入全球各国的汽车金融市场。在发展的过程中，福特信贷专注于汽车金融领域，不断积累经验、进行服务产品创新，最终形成了特色鲜明的多元汽车金融服务体系。

福特信贷提供汽车金融服务的对象有零售客户和经销商两大类，提供的业务主要包含信用贷款、租赁和保险等，对不同类型、不同需求的服务对象，福特设置了多品类可供选择的具体业务。面向零售客户，福特提供了汽车信贷和租赁两种用车方式。汽车信贷适用于客户的新车或二手车交易，贷款期限灵活，客户可以选择等额本息形式的标准交易方式，也可以选择特殊支付计划，在约定贷款期内的前几年享受低月供，减轻支付压力。针对不同国家、不同地区的市场，福特信贷提供的汽车信贷产品品类有所不同，如福特汽车金融（中国）为客户提供等额本息便利贷、延保贷和零月供半付半贷三种贷款产品。此外，还为不同客户群体推出了不同的汽车金融方案：为信用记录良好的客户设置精简审批程序的小时贷，承诺在1小时内回复贷款审批结果，

方便客户快捷购车；针对大学在校生和应届毕业生客户，开通大学生计划贷款申请通道；针对公务员客户，提供流程优化、申请资料简化的公务员购车计划。与汽车信贷不同，汽车租赁业务专门为不急于购置汽车的客户设置，福特租赁将年行车里程数划分不同的档次，客户按需灵活选择一档与福特签订租赁合约，合约期满时，客户除了退回租赁车辆外，也可以按事先约定的价格购买该车辆。面对与福特合作的汽车经销商，福特信贷也为其提供批发融资、租赁和抵押贷款等信贷服务，以及库存保险等保险服务，帮助经销商伙伴周转资金、维持经营。

汽车金融服务业务在福特内部保持着可观的增长，到2016年，福特信贷为母公司带来了19亿美元的税前利润，约占集团整体利润的18%[①]。提供汽车金融服务帮助福特迅速打开了其在服务领域的市场，在培养出一批忠实客户的同时，多元的服务产品结构也便于福特对持有资金进行风险控制，为福特带来了一个稳定可观的收入来源。

三、综合信息在线支持服务模式：以通用汽车公司 OnStar 业务为例

汽车产业内值得关注的服务领域不仅仅只有汽车金融服务，随着信息时代来临，基于信息技术的汽车在线支持服务同样发展迅速。美国通用是最早开始探索向服务型制造转型的汽车制造商，1995年通用全资成立子公司 OnStar，先发制人地将业务拓展至汽车在线支持服务领域，取得了令人瞩目的成就。

在汽车刚刚走进大众视线之初，人们只将它视为一个代步工具，但随着交通事业的蓬勃发展，在汽车使用者的日常驾驶中不断涌现出各种各样的服务需求，如导航服务、出行向导、事故发生时的紧急救援等。通用汽车公司敏感地把握住由汽车使用者这些服务需求带来的潜在商机，着手开发车载在线服务系统，并在1996年秋正式推出了第一代 OnStar 产品，安装于1997版的凯迪拉克部分车型上。这一套 OnStar 系统最初有车载免提呼叫、按需诊断

---

① 引自：福特公司年报（2016）。

第七章 中国制造企业走出服务化陷阱最关键的微观对策
——以嵌入式服务化模式取代混入式服务化模式

筛选、情境信息认知、无间断的数字虚拟现实技术以及紧急援助、道路导航等基本功能，为使用者的安全行驶和顺利出行提供服务保障。

OnStar系统经开发和技术升级，目前的核心功能共有七项：紧急救援系统、车况检测系统、安全保证系统、导航系统、全音控免提电话、车辆被盗协寻和高端助手服务，这些功能通过车载系统发出信号，结合客服中心的及时反馈，能够实时保障用户的行车、生命和财产安全，同时还包含一系列丰富的增值服务。例如，紧急救援系统会在车辆发生碰撞时自动发出信号，收到求救信息后客服会立即利用GPS对车辆进行定位、主动联系车主，并在必要的时候为用户及时联系当地的公共紧急救援机构，及时进行援助。即使不是碰撞事故，紧急救援系统也可以通过车内的按键激活，随时为客户提供医疗、消防等救助。车况检测系统在登记注册车辆信息后，能每月或按需实时对用户的车辆的发动机、变速器、安全气囊系统、防抱死制动系统等核心部件进行远程监测，将检测结果发送到用户的邮箱，在发现故障或车辆需要进行保养时及时提醒用户，并为其联系提供实地维修维护服务的汽车经销商。通过不断的技术创新和服务升级，OnStar已经能为用户提供管家式的综合信息在线支持服务。通用预先将这些服务设计组合成不同的年度套餐供选择，车主可在基础套餐上自行选购增值服务以满足个性需求。

为打造OnStar品牌、拓宽产品市场，不断提升服务质量以强化企业的核心竞争力，通用做出了以下努力。其一，坚持长期致力于革新技术，拓展服务产品的品类和内容，到目前相关的研发成果取得了700多项专利。其二，始终以开放平台的形式发展：不断通过与其他电子信息供应商合作开发新业务，在自己的系统中进行集成；不断研发适用于通用以外其他品牌车型的OnStar设备，通过建立零售网点向其他品牌汽车的使用者进行推广。其三，全球布局远程控制中心和数据分析中心的建设，与当地电信运营商、提供紧急救援的政府机构保持密切的协同合作，以保证在用户需要的第一时间做出应答和派出相应的援助力量。通用推出OnStar系统开辟了汽车服务领域的新市场，不仅为其带来了可观的利润增长，还使得通用主营的汽车品牌一举打响，巩固了通用汽车在行业中的领军地位。

第三节　个人电子信息产品制造业嵌入式服务化模式：移动互联网产业链资源整合模式

个人电子信息产品制造业服务化模式体现为移动互联网产业链资源整合模式，即"硬件+渠道+内容"模式（以苹果公司为例）。

进入信息时代后，个人电子产品融合了先进的数字技术与信息技术，这些电子设备的功能被极大地丰富。例如，一台智能手机在当下不仅仅作为通信工具被使用，而是成为集通信、消费、娱乐等多功能于一体的移动终端，这些功能绝大多数来自于智能手机上的软件应用服务，以及通过互联网可以访问到的在线内容。新功能赋予了个人电子信息产品行业新的利润空间——除了出售硬件设备本身以外，提供应用、渠道和内容等增值服务，也能带来可观、持续的收益。因此，个人电子信息产品制造商纷纷开始向在线资源与应用服务领域延伸，即向服务型制造转型。

苹果公司是最早开发和出售个人用微型计算机的企业，苹果较早推出两代苹果电脑产品，从一开始就以硬件与应用软件捆绑的形式进行销售。但限于当时的技术条件，缺乏应用开发商支持又造价昂贵的苹果电脑始终无法打开大众市场，而后又接连在与"蓝色巨人"IBM 和"Wintel"联盟的竞争中节节退败。20 世纪八九十年代，苹果在全球电子计算机市场中被边缘化。直到 1997 年，乔布斯再次担任董事长后，苹果开始另觅发展之路。2001 年初，苹果推出一款专用于管理和播放数字音乐的应用软件并命名为 iTunes。同年 10 月，苹果又推出了第一代 iPod 随身音乐播放器，与更新后的 iTunes 进行功能绑定。此后苹果又于 2003 年为新发布的 iTunes 4 代增加了 iTunes 在线音乐商店的功能，以每首 0.99 美元的低价为用户提供第三方正版音乐的下载，并允许同步到 iPod 产品上。自此苹果正式开始以"硬件（iPod 或 Mac 电脑）+

---

① 安筱鹏. 制造业服务化路线图 [M]. 北京：商务印书馆，2012：113-121.

渠道（iTunes 音乐商店）+ 内容（正版音乐）"的新模式，经营产品和在线音乐资源业务。此举一出，苹果音乐商店就迅速占据了美国音乐零售市场的主导地位，同时 iPod 产品也成功击败了 Sony 的 walkman 等同类产品。

iPod 与 iTunes 的组合取得成功后，苹果又将类似的经营模式应用在苹果手机上。2007 年 1 月，苹果发布 iPhone 第一代，又在 2008 年 7 月将 APP Store 在线应用商店正式上线，专门销售基于 iPhone、iPad 的 IOS 系统和由 Mac 的 OS 系统开发的应用软件，其中大部分应用是由第三方开发和运营的。APP Store 中的应用在上架前需经过苹果公司的审核，排除不良内容和恶意程序的影响，应用下载和使用过程中购买增值服务的费用由苹果公司与应用开发商以 3∶7 的比例分成[1]。与 iTunes 相较，APP Store 为苹果开拓了提供在线资源和应用服务的更大空间，也给苹果带来了更多的直接收益。2016 年苹果公司的财务报告显示，当年服务产品（主要包含 APP Store、AppleCare 等服务）的净销售额约为 243.5 亿美元，占该财年全部营收的 11%[2]。将移动互联网资源与硬件整合，销售"产品 + 增值服务"的新模式也使苹果的硬件产品的市场占有规模迅速扩张。2007 年第一代 iPhone 推出时，全年销量只有百万台；到 2016 年，iPhone 的销售量达到了 2 亿台[3]。目前，苹果已经成功转型为在线资源服务商，企业的核心竞争力得到重塑和加强，再次上演了属于苹果的商业神话。

第四节　基础原材料制造业两种嵌入式服务化模式：多元化供应链管理服务模式与电子商务模式

基础原材料制造业服务化模式具体有以下两种类型：多元化供应链管理服务模式与电子商务模式。

---

[1] 利安德·卡尼. 撬开苹果［M］. 邱绪萍，译. 北京：中国人民大学出版社，2008.
[2][3] 引自：苹果公司年报（2016）。

一、信息化、多元化供应链管理服务模式：以宝钢集团为例

钢铁产业因其关联的产业多、影响力大，一直是国民经济中重要的支柱产业。目前，全球钢铁行业共同面临产能过剩的巨大压力，行业整体亟待转型。传统钢铁行业采取粗放式、高能耗、高污染的生产方式，无法适应全球工业集约化、节能化、清洁化的发展趋势。以客户需求为起点，实施精细化、高效率的供应链管理，革新生产技术和生产工艺，改粗放的、片面追求高产量的生产方式为集约型柔性生产，是钢铁行业解决产能过剩问题的主要途径。

宝钢集团成立于1978年，是中国最大的钢铁集团。从20世纪90年代起，宝钢就开始建设信息化的供应链管理平台，通过加强与客户、上游供应商的协同合作，提高企业经营效率、控制企业的经营成本。在供应链上游，宝钢建立面向供应商的开放的网上采购系统，支持在线以公开竞价、网络招标等方式完成企业与供应商之间的采购交易。网上采购系统简化传统交易模式中企业与众多供应商重复进行询价、报价的过程，数字化的询价报价流程也使宝钢能方便地收集和对比不同供应商提供的价格信息，从而以公开透明的方式快速敲定交易，节省了大量交易成本。面向下游市场，宝钢创立销售信息平台，平台整合企业的销售和物流信息，兼具在线交易及合同执行两种功能，在线交易时客户可以自主选择进行期货或现货交易，并对制造工序、物流动态进行实时跟踪。信息化的销售、物流管控平台实现即时的便捷交易，提高合同达成率，同时也便于企业统一管理订单，根据市场需求情况灵活调整生产计划，减少不必要的库存成本。

宝钢建立的供应链体系有两个基本特征，即全流程信息化和多元化供应链管理服务。全流程信息化的供应链体系不仅使宝钢能够通过实时掌握上游供应商和下游市场需求的变动，数字化、智能化的管理模式也使接入系统的供应商和客户实现信息共享，促进全供应链的协同生产。基于供应链管理平台，宝钢与其地方分支机构、供应商以及战略客户进行从技术研发、生产计划到订货、加工、物流配送、财务结算整个流程的亲密协作，极大地提高了经营效率。宝钢为客户提供的供应链管理服务还具有多元化特征，为不同需

求的客户，宝钢提供了不同的一体化服务。例如，宝钢为有定制需求、与宝钢存在长期协作关系的战略客户开通大客户交易通道，提供包括个性化定制、技术协同、生产协同、结算管理、加工配送等多功能服务；宝钢旗下还单独成立宝信软件公司，结合宝钢多年的经营经验和多项知识产权，专门经营战略咨询、信息化解决方案、自动化系统集成和运行维护、云应用等服务业务。通过多元化供应链管理服务，宝钢成功地拓展了经营范围，逐渐向系统服务和整体解决方案供应商转变。

二、电子商务模式：以宝钢集团为例

电子商务模式能够实现供需信息的在线匹配，为促成交易带来了极大的便利性。对于产能过剩严重的钢铁行业而言，电子商务模式的引入还使得钢铁生产商改变了传统的高库存生产模式，实行按需生产。当市场需求发生变化时能够及时进行响应和调整，在一定程度上控制了风险。

宝钢集团在2001年建立了"宝钢在线"销售信息平台，经营本企业的钢铁电子商务，最初仅从事地区电子商务，在更新系统后，"宝钢在线"已经成为与国际体系统一的电子商务平台。"宝钢在线"集合了期货订货、现货交易、大客户通道和融资服务等功能，其中，现货交易客户可以自主进行宝钢现货产品的查询选择、竞价议价、订立合同、财务结算、打印提单等流程，期货交易客户则可以在线提交需求，与宝钢进行磋商定价后签订合同，还可以通过平台实时跟踪期货合同的详细生产进度。除期货、现货交易的基本功能外，"宝钢在线"还支持客户提交配送和委托加工等订单需求，对于委托加工订单，平台还为下单用户提供订单执行情况、生产实际信息、配送物流动态等相关信息的查询。

除自营电子商务外，宝钢在2000年创立和上线了名为"东方钢铁在线"的第三方钢铁电商服务平台。通过整合钢铁行业全供应链以及金融、物流等资源，建立了面向整个钢铁行业的大型B2B在线交易系统，为钢铁供需商提供在线竞价交易、财务结算、实物产品交收等服务。此后宝钢重新调整"东方钢铁在线"的业务范围，目前该平台主打循环物资交易，除钢材正品外，企业还可以通过该平台享受钢材废旧次材和闲废设备等物资在线自主竞价交易和一站式物流服务，方便地处置企业循环物资。2015年，宝钢重新整合了企业的钢铁电子商务资源，创立欧冶云商股份公司，力求打造一个生态友好、多功能的第三方钢铁服务平台。目前欧冶云商旗下有欧冶电商、欧冶采购、欧冶加工、欧冶金融、东方钢铁在线、欧冶资源、欧冶化工、欧冶材料、欧冶数据等子平台，为工业企业提供工业品采购、钢铁产品交易、钢材加工与零部件制造、供应链融资、循环物资处置、大宗原燃料交易、化工品交易、钢材技术服务咨询、行业大数据等覆盖钢铁行业全产业链的在线服务。

宝钢通过经营自营和第三方电子商务等服务业务，成功实现由传统钢铁制造商向现代钢铁行业服务商的转型。宝钢从中不仅获得了丰厚的服务收入，还通过扮演"平台服务商"的角色快速积累了丰富的行业相关信息资源，进一步巩固了其在中国钢铁行业中的核心领导地位。

第五节 工程机械与交通机械制造业两种嵌入式服务化模式：精准化供应链管理服务模式与完善的设备维护保养模式

工程与交通机械制造业服务化模式具体有以下两种类型：精准化供应链管理服务模式与完善的设备维护保养模式。

一、精准化供应链管理服务模式：以卡特彼勒公司为例

工程机械是各类土石方施工、路面施工与养护作业、流动起重装卸作业和建筑工程等建设施工过程中使用的机械化设备的统称，这类设备的应用范围广泛，在道路交通建设、农林水利建设、国防工程、工业用与民用建筑、矿业建设和生产等诸多领域都发挥着重要作用。工程机械中既有专用设备也有通用设备，产品种类繁多，且产品构造和加工工艺往往十分复杂，许多关键零部件采购自上游的不同供应商，是典型的离散型制造产品。这些基本特

第七章 中国制造企业走出服务化陷阱最关键的微观对策
——以嵌入式服务化模式取代混入式服务化模式

征决定了工程机械企业在组织生产时有生产周期较长、物料管理工作困难等特点，且由于工程机械设备的零部件多而复杂，制造商在提供维修维护等售后服务时面临困难。

工程机械企业要克服上述困难，低成本、高效地组织生产，需要依赖供应链系统的构建和管理。供应链是指从原材料采购开始，经由中间产品以及最终产品的加工制造，到最终产品到达客户手中为止，围绕核心企业将这一系列环节和业务紧密联系起来的，由供应商、制造商、分销商和零售商以及用户所构成的完整功能链。供应链管理则是基于优化供应链系统、提高系统运作效率、降低整体成本等目的，结合现代信息技术对供应链上各环节进行合理的规划、组织和协调的管理工作。随着国际工程机械市场的竞争趋于激烈，厂商之间的竞争也逐渐从制造环节转向服务环节，供应链管理领域也是其中的一个竞争焦点。成立于1925年的工程机械巨头卡特彼勒公司正是依靠多年积累的供应链管理经验，基于精准化的供应链管理体系，打造了优质的第三方物流服务。

卡特彼勒开展第三方物流服务，依靠的是具有企业核心竞争力的高效、精准的供应链系统。卡特彼勒构建了一个辐射全球的工程机械分销系统，与系统中的每一个分销商进行伙伴式的合作。出于双赢和共同成长的目的，卡特彼勒为分销商提供仓储、物流、设备等支持，分销商则不仅扮演产品销售渠道的角色，还充当售后服务网络中的重要环节，接受卡特彼勒的培训从而为客户提供技术支持、融资保险、维修维护、设备使用指导等服务。卡特彼勒的供应链系统另一个重要的构成部分是多级的售后零部件全球配送网络，这一配送网络从下至上分别由分销商配送中心、地区配送中心、大区域配送中心和全球主配送中心构成。其中，分销商配送中心通常只储存常用的关键零部件，由大区域配送中心为其补货，地区配送中心仅仅就部分特殊产品向分销商提供紧急支援，全球主配送中心则直接与供应商对接，统一调度零配件货源。卡特彼勒在这两个庞大的分销、售后体系之上成立了产品支持事业部和专门物流公司，分别负责公司内部和第三方的产品及零配件物流业务，在2000年又将这两个部门进行合并，组建了现在的卡特彼勒物流服务公司。除第三方物流业务，还运用卡特彼勒多年来经营供应链管理的宝贵经验，向其他企业提供供应链优化方案服务，实现了由制造商向服务商的转型。

二、完善设备维护保养服务模式：以罗尔斯·罗伊斯公司为例

航空发动机制造是飞机制造业的核心环节，发动机是否安全可靠且高效对飞机性能的影响至关重要。但是，航空发动机的造价高、技术高精、制造工艺复杂，研发难度大、耗时长、投资高，因而这一行业的资本和技术门槛极高。航空发动机行业长期维持着由通用（GE）、普惠（PW）、罗尔斯·罗伊斯三大寡头实施垄断的基本竞争格局，这三家企业在发动机产品、技术和相关服务等领域的竞争十分激烈。作为全球航空发动机制造领域的寡头之一——罗尔斯·罗伊斯公司较早地成功通过向服务型制造转型，并一举抢占了行业主导地位。

航空发动机制造业中，有关航空发动机的在线实时支持与维护服务，存在广阔的市场空间。这是由于航空发动机内部结构与内部技术十分复杂，为维持良好的工作状态、延长使用寿命，以保证飞机飞行的安全性和效率，需要定期专业维修维护和在线实时状态监测。互联网信息技术和智能科技融入了航空发动机的制造、控制和监测等环节，为发动机的状态检测和远程故障诊断提供可行的技术手段。基于行业的这些特征，罗尔斯·罗伊斯公司构建集发动机产品和全面维护、在线支持等相关服务于一体的产品服务体系。在具体措施上，罗尔斯·罗伊斯公司创新性地推出了绩效保证式合同（PBC），在提供发动机产品的同时与客户签订全面维护协议，协议中包含发动机维护的固定菜单和一系列可选的附加服务，合同期通常为10~15年，也可以选择覆盖发动机的完整寿命期，服务的价格由公司与客户协商确定，按飞行小时为单位收取。除向航空公司等客户提供包含全面维护协议等绩效保证式合同外，罗尔斯·罗伊斯公司还为公务机以及军用航空打造相应的维护保养服务。例如，罗尔斯·罗伊斯公司的联合维护业务针对公司或个人用公务机设置，服务内容包含零配件管理、全面发动机大修等，只收取固定费用；全面保障管理解决方案则为军方和国防提供航空发动机的维护和管理服务，根据客户优化战略部署或减少维修维护开支等不同目的，罗尔斯·罗伊斯公司可以为

其提供定制解决方案的服务。除上述主打服务方案外，罗尔斯·罗伊斯公司还在不断创新服务业务，如发动机信息管理、技术服务支持、离翼服务等，完善与延伸服务环节的产业链。另外，为了建立覆盖全球、及时响应的航空发动机维护服务系统，罗尔斯·罗伊斯公司通过跨国并购手段，在全球各地建立维护中心，并以全资或合资形式在主要国际航空机场成立子公司，布局全球性服务网络。为整合内部资源，罗尔斯·罗伊斯公司还将维修维护、系统解决方案等业务单独成立专门的专业性企业，强化内部组织管理、提升服务水平。

罗尔斯·罗伊斯公司成功地运用绩效保证式合同长期绑定客户，开拓服务空间并获取了较为可观的收入，而且该公司通过将专业服务标准化、制定服务菜单并采取固定收费的方式，方便公司对业务、成本和财务进行统一的规划，有效减少了运营和管理成本。向服务型制造转型使罗尔斯·罗伊斯公司获得了新的核心竞争力，从而使其在行业中的领先地位得以进一步巩固。

第六节 高度资本技术密集型的高端装备制造业嵌入式服务化模式：总集成、总承包的综合服务体系模式

高度资本技术密集型装备制造业服务化模式，体现为总集成、总承包的服务体系模式，以下以阿尔斯通公司、华为集团为例进行阐述。

与基础设施建设相关的装备制造业是一个周期性比较明显的行业，当经济发展正处于起步阶段时，对基础设施建设的需求量大，从而吸引了一大批规模、资质不尽相同的企业进入行业；但基础设施使用寿命往往很长，当市场需求逐渐被吸收后很快会出现饱和，这些行业中竞争的激烈程度远远大于其他产业。这类行业除周期性以外，还存在其他的特征。例如，这些行业往往属于典型的资本、技术密集型行业，他们面对的客户也非一般的商务或个人用户，通常是政府、大型基础设施运营商等具有个性化战略需求的特殊客

户群体。上述特征决定了这些行业中的企业容易进入发展瓶颈期，面对行业中关乎企业生死存亡的激烈竞争和有限的市场容量，这类企业通常对技术革新、拓展潜在市场、挖掘和塑造新的核心竞争力等工作十分重视。由于这些原因，高度资本、技术密集型装备制造业企业在实施向服务型制造转型方面格外积极。

阿尔斯通公司是1928年成立于法国、专门从事电力设备和轨道交通设备制造业的大型跨国企业，亦是这个行业的传统寡头之一。阿尔斯通所处的行业发展至今，呈现出高技术、集约化、集成化的发展趋势。一方面，由于资源限制和环保需要，电力设备和轨道交通设备制造商纷纷向环保节能、安全高效的方向开展技术革新，在融合新一代信息通信技术和智能科技等前沿技术后，相关的装备产品的技术含量愈来愈高；另一方面，电力设施建设和轨道交通设施建设都属于规模庞大的系统工程，涵盖的领域多、技术和工艺的交叉性强，为节约资源、降低成本并提高效率，对工程建设和设施运营的集约化、装备设备功能的集成化都有着高要求。基于上述情况，该行业衍生出由制造商提供总集成、总承包式服务的市场空间。阿尔斯通在向服务型制造转型前，已经具有丰富的行业从业经验，在技术、资金和人力资本等资源方面都存在优势，公司已经形成针对风电、核电、煤电和轨道交通等多业务领域进行成套设备产品设计、开发和生产的能力，也具有为客户提供从工程方案设计到完成施工、后期设备运营以及维修维护等服务的基本条件。因此，阿尔斯通一方面整合公司自有资源，将不同产品与服务紧密结合，设置相应的专业部门；另一方面，阿尔斯通利用兼并重组手段，对外出售非核心业务、购买能够填补技术空白或拓展业务领域的企业，以重整业务结构、完善和强化业务能力；此外，阿尔斯通还通过独资、合资或合作等手段不断进入新国家、新地区的市场，布局全球化的服务体系，实现公司服务业务的本地化。目前，阿尔斯通公司主要从事电力和轨道交通建设"交钥匙工程"服务，又凭借先进的信息系统，为客户提供覆盖产品全生命周期、全运行流程的集成信息服务，同时还针对有特殊战略性目标的客户的不同需求，提供定制化的工程方案设计服务。基于这些服务业务，阿尔斯通顺利转型为电力设备和轨道交通设备行业中总集成、总承包服务式的服务供应商，依靠服务业务成功

第七章 中国制造企业走出服务化陷阱最关键的微观对策
——以嵌入式服务化模式取代混入式服务化模式

走出公司经营困境，重登行业霸主之位。

与电力设备和轨道交通设备业类似，通信设备制造业也是与基础设施建设紧密相关的行业，直接服务于电信网络的建设布局。目前的通信设备制造业同样面临着需求饱和甚至萎缩的窘况，产品同质化比较严重，制造环节的利润空间被压缩得所剩无几，使行业中的企业迫切寻求开拓服务化空间。与此同时，通信行业多网融合的加速、云计算等新一代信息通信技术概念等的出现，也使客户对基于设备的集成服务和技术服务产生强烈需求。

华为集团是中国通信设备制造业的领军企业，但与阿尔斯通不同的是，华为在国际通信设备制造业的市场中属于"后起之秀"，其成立和飞速发展时，该行业的国际市场已经被发达国家少数大型跨国企业所垄断。华为在发展之初，虽然已经开始为客户提供安装工程、设备维护等基于产品的服务，但这些服务业务尚未完全从产品的研发和生产部门中独立出来，华为为客户提供这些服务也不收取任何费用，仅仅将服务视作产品的附属部分。1998年起，华为开始摸索发展公司的有偿服务业务，设立了精准明确的向服务型制造转型的战略：首先，华为重整公司内部资源，设立专门提供技术服务的技术支援部，逐渐将服务从产品中分离出来，形成独立业务；其次，在技术支援部中设置了服务销售管理部门，负责将服务像硬件产品那样，推到公司业务的一线进行主动营销，为此华为设计了一整套推进服务营销的战略，并且建立了相应的管理体系和业绩考核机制；此外，华为成立了专门的服务产品开发部门，其职责除开发服务产品外，还承担着开发成果的一部分销售任务，这一设置合理地引导该部门紧贴客户需求进行服务产品的开发，促进华为服务更加多元化、专业化。目前的华为拥有面向电信运营商的完整集成式专业服务体系，包含通信设施建设工程的方案设计和施工、通信设备运行和维护保障等基础服务，为优化设备性能、提升客户运营设备能力和效率设置的系统集成、技术培训、定制方案等增值服务，从电信运营商客户处承接设备维护保养的外包服务，以及为特殊战略性客户提供的商业咨询服务。华为收益的快速增长得益于服务市场的开拓，2016年，华为全年营收中运营商业务的比例提升至55.7%，面向政府、事业单位和一般企业的服务业务比例达7.8%。凭借向总集成服务商的成功转型，华为顺利进军国际市场，目前公司海外服务业务的占比约为 54%,呈现逐年快速增长的趋势①。

第七节　高端信息通信产业嵌入式服务化模式:基于客户战略目标构建复杂信息系统一体化解决方案

高端计算机信息产业服务化模式体现为基于客户宏伟目标构建复杂信息系统一体化解决方案模式,以下以 IBM 公司为例进行阐述。

IBM 公司是计算机产业领域中的长期领军者。这家成立于 1911 年的企业,因其丰富的资历和雄厚的实力在业内享有"蓝色巨人"的称号,不论在软件开发还是硬件生产领域,IBM 都具有技术上的领先优势。IBM 曾在 1981 年发布了第一台基于开放系统平台的个人计算机,使计算机产业正式进入了个人电脑时代。但此后 IBM 却没有把握住个人计算机业务成长的良机,仍固守于大型主机领域辛苦耕耘,优势地位逐渐被 Intel、微软等专注于个人电脑和应用开发的公司所取代,甚至一度在行业中被边缘化。20 世纪 90 年代初,电脑主机市场的发展急剧恶化,IBM 不仅从此陷入了经营困境,还丧失了其在计算机产业领域中的核心竞争力。

为扭转危机局面,IBM 被迫实施了"脱胎换骨"式的转型,将企业从"生产的 IBM"重新界定为"服务的 IBM"。为此,IBM 的具体举措主要包括战略调整、品牌打造、组织架构重塑和针对核心竞争力重构的兼并重组等。IBM 对公司发展战略的调整体现为服务化战略在公司中的逐步推进:从 1993 年起,将自己的主营业务转向提供信息技术相关服务,将目标群体选定为企业客户,致力于提供以客户需求为导向的高价值服务,开始为客户提供企业业务全流程信息技术集成应用的一体化解决方案;20 世纪 90 年代中后期,IBM 基于对网络经济将成为未来全球信息产业发展走向的准确判断,提出"电子商务"的概念,并进一步依据网络化、随需而动等理念,对公司提供

---

① 引自:华为公司年报 (2016)。

第七章　中国制造企业走出服务化陷阱最关键的微观对策
——以嵌入式服务化模式取代混入式服务化模式

的信息技术服务业务进行调整和更新；2008年金融危机以后，世界各国积极寻找经济发展的新出路，十分重视物联网、云计算等新一代技术，IBM基于此提出了"智慧地球"的理念，以转型服务提供商的身份，依赖于逐渐积累起来的资源整合、集成应用方面的能力，开始为客户提供复杂信息系统一体化解决方案。伴随着发展战略的调整，IBM着力进行了品牌打造，打出"IBM就是服务"的简洁口号，使其"专业的整体解决方案提供商"的形象深入人心。为实现公司的战略部署、重构公司的核心竞争力，IBM还对自身的组织架构进行了基于服务的重整，将原本分散的服务业务部门等进行重组，以适应不断拓展的业务范围的需要，并强化服务业务在公司中的地位。在IBM服务化转型的过程中，不断以兼并重组为基本手段，实现公司的业务范围和竞争力的重构。IBM一方面不断出售原有的信息产业硬件生产部门，一方面并购一系列在咨询、软件开发和信息服务业务领域颇有影响力的专业企业，使公司的业务在不断拓展的同时，保证在各领域的领先地位。

目前，IBM的主要业务有认知解决方案、全球商业服务、技术服务云平台、系统业务、全球金融业务，等等。2016年，IBM毛利率排名前三的业务分别是：认知解决方案业务，81.9%；系统业务，55.7%；技术服务云平台，41.9%[①]。这些高附加值的服务不仅使IBM从经营困境中走了出来，还使其实现了从硬件设备制造商到整体方案服务提供商角色的成功转换。

第八节　本章小结

将本章前七节涉及的7个不同制造行业共计12种具体嵌入式服务化模式进一步归类，可以归结成以下五个大类。

第一大类：基于产品研发设计升级的增值服务模式。属普通易耗消费品制造业的红领集团的个性定制设计兼大规模定制生产结合模式，亦属普通易耗消费品制造业的耐克公司的无工厂生产者模式，以及属耐用消费品制造业

---

① 引自：IBM公司年报（2016）。

的海尔集团的智能设计制造模式,均是此类模式。

第二大类:基于产品效能突破性提升的增值服务模式。属耐用消费品制造业的通用汽车子公司 OnStar 的综合信息在线支持服务模式,属个人电子信息产品制造业的苹果公司的移动互联网产业链资源整合模式,属基础原材料制造业的宝钢集团的多元化供应链管理服务模式,属工程机械与交通机械制造业的卡特彼勒公司的精准化供应链管理服务模式,以及亦属工程机械与交通机械制造业的罗尔斯·罗伊斯公司的完善设备维护保养模式,均是此类模式。

第三大类:基于产品交易便捷化创新的增值服务模式。属耐用消费品制造业的福特公司的多元金融服务模式,属基础原材料制造业的宝钢集团的电子商务模式,均是此类模式。

第四大类:基于产品设备集成化整体运营的增值服务模式。高度资本技术密集型的高端装备制造业嵌入式服务化模式——阿尔斯通公司与华为集团的总集成、总承包的综合服务体系模式,均为此类模式。

第五大类:由基于产品的服务跃升至基于复杂需求的一体化解决方案的创新服务模式。高端信息通信产业嵌入式服务化模式——IBM 公司基于客户战略目标构建的复杂信息系统一体化解决方案,即为此类模式。

不同类型、不同特质的制造业企业,可根据自身特性,选择上述五大类中的某一类作为自身向服务型制造转型切入的模式,学习借鉴本章提及该模式的经典案例企业的操作路径,定会有所启发和收获。

第八章

中国制造业走出服务化陷阱、实现向服务型制造转型升级的宏观应对策略

一、政府应积极宣传服务型制造理念并引导制造业早日树立此理念

政府有关部门与行业协会等相关职能机构需要向工业制造业企业大力宣传"服务型制造"理念,改变生产型制造根深蒂固的传统观念,促使其树立起向服务型制造转型升级的强烈意识。

2016 年 7 月,为贯彻落实《中国制造 2025》,工业和信息化部、国家发展改革委、中国工程院共同牵头制订了《发展服务型制造专项行动指南》。服务型制造,即制造业向服务型制造转型,是制造与服务融合发展的新型产业形态,具体是指制造企业通过创新优化生产组织形式、运营管理方式和商业发展模式,不断增加服务要素在投入和产出中的比重,从以加工组装为主向"制造+服务"转型,从单纯出售产品向出售"产品+服务"转变,有利于制造业企业延伸和提升价值链、提高全要素生产率、产品附加值和市场占有率。

依据此项专项行动指南的精神,政府有关部门与行业协会等相关职能机构需要向工业制造业企业大力宣传"服务型制造"理念,促使其改变生产型制造传统根深蒂固的观念,树立起向服务型制造转型升级的强烈意识。政府有关部门与行业协会等相关职能机构需要通过各种宣传途径促使中国传统制造企业认识以下两点。

其一,发展服务型制造,促进中国制造业向服务型制造转型,是增强产业及企业竞争力、推动中国制造业由大变强的必然要求。中国是制造业大国,但制造业在国际产业分工体系中总体处在中低端,面临着资源环境约束强化和生产要素成本上升等问题,主要依靠资源要素投入和规模扩张的粗放经济增长方式难以为继。发展服务型制造,实现制造业向服务型制造转型升级,以创新设计为桥梁,推动企业立足制造、融入服务,优化供应链管理,深化信息技术服务和相关金融服务应用,升级产品制造水平提升制造效能,拓展产品服务能力契合客户个性化全方位需求,方能延伸和提升价值链,提高产品附加值和市场占用率,促进中国制造企业可持续发展,培养其竞争新优势。

其二,发展服务型制造,促进中国制造业向服务型制造转型,是顺应新

第八章　中国制造业走出服务化陷阱、实现向服务型制造转型升级的宏观应对策略

一轮科技革命和产业变革的主动选择。工业化进程中产业分工协作不断深化，催生制造业向服务型制造转型。"互联网+"背景下，信息化特别是新一代信息通信技术的深度应用，加速了服务型制造的创新发展。发达经济体实践证明，发展服务型制造是抢占价值链高端的有效途径。当前，国际产业分工格局正在发生深刻调整，中国制造业亟须补足短板，实现向服务型制造转型发展。同时，"互联网+"的深入推进为服务型制造提供了广阔的发展空间和强大的技术支持，必须加快制造与服务的协同融合，才能重塑中国制造业价值链，培育中国制造业发展新动能。

唯有改变中国制造企业生产型制造根深蒂固的传统观念，促使其树立起向服务型制造转型升级的强烈意识，才能顺利推进中国制造业向服务型制造转型升级。

二、应打造有利于中国制造业向服务型制造转型升级的财税金融政策体系

在推动中国制造业向服务型制造转型升级过程中，亟须打造有利于中国制造业企业转型发展的政策体系，落实支持中国制造业企业向服务型制造转型的财税、金融等政策，并加强企业的知识产权保护。

财政部近年来表示要继续深化"营改增"改革，要在建筑业、房地产业、金融业、生活服务业四个行业进行试点，至此"营改增"改革已全面铺开，营业税退出历史舞台，此举有利于促进制造业的向服务型制造转型。这是因为制造业向服务型制造转型，往往涉及制造企业进入生产性服务业领域，或制造企业将相关生产性服务环节外包给专业化服务公司，以往征营业税往往造成重复纳税情况。而"营改增"后，全面实施增值税，不仅可以避免重复纳税，而且减轻了服务业领域的税负，有利于制造企业与外包服务公司开展专业化分工协作，或有利于制造企业进入生产性服务业领域。此外，还需将服务技术含量、服务方式和商业模式创新等纳入高新技术企业的认定标准，使从事高端服务的制造企业能够享受相关税收优惠政策。总之，需要构建并落实有利于中国制造业向服务型制造转型的税收政策。

此外，亟须加大财政支持力度以促进中国制造业向服务型制造转型。现

有的服务业财政专项资金重点扶持服务业发展的关键领域与薄弱环节,但这只是单纯针对服务业,没有及时把握制造业向服务型制造转型的新趋势。从实际情况看,制造业拓展的向服务型制造转型的环节,往往具有较高的附加值,是产业竞争的制高点。加大财政对制造业服务化转型的支持力度,就是把制造业向服务型制造转型作为服务业专项政策支持的重要对象,把制造业拓展的系列高端服务如研发设计、电子商务、在线诊断、金融租赁、总集成总承包的整体解决方案等作为专项支持的重要内容,把制造业向服务型制造转型过程中的商业模式创新与技术创新作为专项支持的重要领域[①]。通过财政专项资金(如奖励、贷款贴息和财政补助等支持方式)大力支持重点制造企业向服务型制造转型的大型项目,加快制造业向服务型制造转型升级的进程。

除财税政策外,还亟须构建并落实相关金融政策措施以促进制造业向服务型制造转型。如鼓励金融机构创新能满足制造业向服务型制造转型需要的金融产品和服务,譬如,鼓励物流金融业务发展,支持相关金融产品与服务创新;以资金支持中国高端装备制造业向服务型制造转型的重点工程和重大项目;鼓励社会资本参与制造业企业服务创新,健全完善市场化收益共享和风险共担机制;等等。地方可积极向中央争取试点机会,加大金融市场对重点制造企业的开放力度,降低重点制造企业进入金融市场的准入门槛,鼓励支持中国若干重点制造企业如汽车企业开展消费信贷业务;积极争取试点机会,把中国若干高端装备重点企业培育成融资租赁行业的重要参与者,实现融资租赁金融业与制造业向服务型制造转型双赢。

此外,还需加大对制造企业研发设计知识产权的保护力度,建立知识产权协同应用和风险防范机制,健全知识产权交易和中介服务体系。

三、应积极组织实施推进制造业向服务型制造转型的科技专项行动

制造业服务化往往涉及科技创新,譬如制造企业以满足客户需求为核心

---

① 安筱鹏. 制造业服务化路线图 [M]. 北京:商务印书馆,2012:326.

的自动化生产制造系统、专业化供应链管理系统、高效物流配送系统、产品全生命周期管理系统等，都具有学科交叉、多技术集成的特点，属于技术密集型的科技创新领域，需要政府的科技政策予以大力扶持。

政府科技部门应把制造业向服务型制造转型面临的重要科技问题作为政策支持的重点领域，作好相应的科技规划，组织实施推进制造业向服务型制造转型的科技专项行动。在科技专项行动中，围绕制造业向服务型制造转型的核心环节，如智能制造、电子商务、物流配送、供应链管理、在线维护、系统集成等领域，支持重点企业开展相应的技术研究攻关、运营模式创新、标准规范试点，探索可供复制的制造业向服务型制造转型模式，加快中国制造业向服务型制造转型升级的步伐。工信部及各省区市工信部门也可发挥重要作用，此部门可以以向服务型制造转型的龙头企业为载体，建立制造与服务融合创新工程试验室，打造制造业向服务型制造转型的创新基地，积累可供借鉴参考的制造业向服务型制造转型经验，并予以传播推广。

四、政府应培育并鼓励发展工业互联网平台，大力扶持制造企业上云上平台

一方面，政府应培育并鼓励发展工业互联网平台；另一方面，政府应大力扶持工业制造业企业上云上平台。

积极培育且鼓励发展工业互联网平台涉及以下对策举措。

第一，大力支持制造业头部企业与互联网信息技术企业协同跨界合作。以此实现制造资源、制造能力与工业互联网平台的资源开放共享，形成面对中小微企业的研发设计、设备运营维护、质量控制、物流配送、市场资讯分享等云端制造型服务体系，亦通过上述方式形成网络化协同制造服务体系，突破区域空间与资源要素约束，最大程度利用协同制造实现社会资源的共享开放。

第二，对现存工业互联网平台予以积极培育扶持，具体对策思路如下。地方政府对平台的资金扶持，不应采取"一刀切"的方式，应建立用阶梯式、分阶段、分重点、分规模的激励式补贴体系。优先保证行业性平台的扶持资金的力度，加大跨行业跨领域平台的奖励力度。对平台的成长期、中期、

后期分别采取不同的补贴力度，根据平台所吸纳的企业数量和规模进行阶梯式补贴。对龙头企业、科研机构和高校等共建的、尚处于试验验证阶段的工业互联网平台，也可进行资金补贴支持；对列入国家、省级的工业互联网产业示范基地，在资金扶持、工业互联网应用推广、生态创新发展等方面予以重点支持；对国家级和省级工业互联网产业示范基地，地方可按照与国家、省资助额最高1∶1比例给予资金配套；等等。

第三，扶持开发多类服务型制造工业APP。地方政府支持鼓励制造企业、相关科研机构和工科院校研发基础共用、行业通用、企业专用等多种类型服务型制造的工业APP，涵盖设计研发、制造生产、运营管理、市场拓展等多个环节。推动多类服务型制造工业APP向工业互联网平台集聚，鼓励支持相关软件工具加快云端化改造，以期实现平台化共享。

第四，重点扶持工业互联网解决方案服务商。地方政府应培育集聚一批以工业互联网集成方案、咨询服务、数据服务等为主要业务的工业互联网服务商。对于取得明显经济社会绩效的工业互联网解决方案项目，可通过一定比例返还方案项目投资额的方式予以奖励。

第五，还需对举办工业互联网重大活动的实施者与突破工业互联网关键技术的创新者予以资助。如地方政府应支持举办影响力较大的国际性、全国性工业互联网会议或论坛等活动，按活动总投入额的一定比例予以补助。再如对新型传感、智能控制等产品的研发应用，安全芯片、安全操作系统、高性能服务器等关键信息技术的重大突破与整合，工业物联网系统、工业控制系统、工业应用系统等领域自主可控信息安全防护技术的研发及应用推广，涉及以上领域的重大技术项目，地方政府均可按项目投入额以较大比例予以重点资助或补贴。

扶持工业制造业企业上云上平台的对策涉及以下方面。

一方面，强化法制保障，加强上云上平台政策宣传工作并加强相关培训，并建立企业上云平台的公共服务平台。地方政府法制办可研究工业制造业企业上云上平台的法律制度障碍，制订相关法律法规规范。地方政府还应加强工业企业上云上平台的宣传及相关培训。由政府倡导，行业协会、科研院校、工业互联网创研机构、公共服务平台、工业互联网解决方案提供商携手成立工业制造业企业上云上平台专业服务联盟，加大对工业制造业企业上云上平台的巡回宣传，加深企业对"上云上平台"的理解和认识，激发后者上云上平台的积极性。地方工业和信息化主管部门要制订培训计划，与云服务商合作组织企业培训，提高工业制造企业对上云上平台的认识，特别是对技术较为薄弱的企业人员开展云技术专题培训。积极搭建工业制造业企业上云公共服务平台，为工业制造业企业上云上平台营造良好的服务环境。此平台可提供信息发布、产品展示、上云案例等服务，为平台云服务商搭建与制造企业对接的窗口。通过此平台，相关工业制造业企业可及时准确了解相关政策及行业动态等资讯，为工业制造业企业上云上平台提供全面信息服务，后者也能够快速了解和选择适合的云服务商，完成云服务精准对接。

另一方面，地方政府根据行业发展情况、行业规模和企业自身"上云上平台"条件，划定行业类别，对龙头企业、中小企业、小微企业设置不同的补贴标准，采取不同的资助扶持政策。

首先，对于工业制造业龙头企业，主要目标在于激励其发挥带头作用，在行业内承担推动上下游企业上云上平台，并推动行业协同发展的责任。地方政府根据龙头企业在工业互联网平台建设、标准制定、活动组织、创新示范等方面的作用予以补贴或奖励资助，鼓励龙头企业联合行业协会率先制定其行业领域工业互联网应用地方标准，为龙头企业做大做强奠定基础。其次，对于工业制造业中小企业，主要目标为鼓励其积极对接各类工业互联网服务商，上云上平台，积极采购使用云制造服务。地方政府可资助中小企业结合自身需求购买数据资源、数据服务和建设数据应用系统等；对中小企业的数字化、网络化、智能化建设项目给予补贴资助，支持企业进行设备升级和技术改造。最后，对于工业制造业小微企业，主要发挥免费、优惠手段，吸引小微企业积极使用云平台，并给予后者一定税收优惠；此外，还可经常为小微企业开办免费云制造服务平台培训课；等等。

五、政府应积极扶持制造服务业发展

广义的制造业向服务型制造转型，既包括制造业产出服务化，亦包括制造业投入服务化。本书主要分析制造业产出服务化,但制造业投入服务化其实也比较重要,因为后者往往能带动制造企业价值链提升,亦能促进制造企业产出向服务型制造转型。制造服务业,即指为制造业提供研发设计、原料零部件采购配给、检验检测、市场拓展、经营发展战略咨询、解决方案创新等多元化服务的生产性服务业,此类生产性服务业能有效带动制造企业价值链提升,促进制造企业为客户提供高附加值的制成品及相关服务(即促进制造企业产出服务化)。因此,应积极扶持发展制造服务业,通过其加大制造企业投入服务化的力度进而促进制造企业产出向服务型制造转型。积极扶持发展制造服务业涉及以下几个方面。

第一,积极扶持研发设计型制造服务业发展。支持制造企业与高校、科研机构合作建立技术研发中心及相关机构,盘活整合创新资源,推动产学研协同创新。开展制造业重点设计突破工程,培育一批国家级和省级工业设计研究平台,探索建立以创新为核心的研究设计赋能机制,推动制造业研发设计能力全面提升。

第二,加快培育以制造业为服务对象的多功能综合性服务平台。围绕制造业共性服务需求,加快培育一批集制造全流程服务、经营管理战略咨询、解决方案创新、数字能力建设于一体的多功能、综合性服务平台。此种服务平台可为产业链上下游制造企业提供研发设计、原料零部件采购、检验检测、市场拓展、战略咨询、解决方案创新等专业化、社会化的综合性服务。

第三,培育为制造业绿色化转型服务的生产性服务企业发展。搭建绿色发展服务平台,培育具有自主知识产权和专业化服务能力的制造服务企业,推动纺织、造纸、建材等制造业绿色化转型发展。扶持发展废旧家电回收处理产业链,研究开展废弃电子电器产品拆解企业环保绩效评估。完善再生资源回收利用体系,畅通家电、纺织、汽车等产品生产、消费、回收、处理、再利用全链条,实现价值利用最大化。

第四,在税收、融资、人才等方面出台有利于制造服务业发展的政策。支持知识技术密集型制造服务业企业按相关规定申请认定技术先进型服务企业或高新技术企业,享受相关税收优惠。鼓励金融企业开发适合制造服务业的金融品种或金融产品,如开发以知识产权无形资产作质押物的融资贷款新

第八章　中国制造业走出服务化陷阱、实现向服务型制造转型升级的宏观应对策略

品种，为制造服务业企业发展壮大提供有力的融资支持。加快制造服务业领域复合型、应用型、创新型人才培育力度。推动工科学校学科改革，着力培育制造服务相融合的复合型、应用型、创新型的新工科人才，加强校企合作，促进产教融合。建立学历学位与技术技能评级相结合的人才评价新机制，破除唯学历学位论，以实际工作绩效作为制造服务复合型人才最重要的评价考核指标，对工作业绩优秀的此类人才予以重奖。唯有在税收、融资、人才等方面出台有利于制造服务业发展的诸多有利政策，方能促进制造服务业加速发展，进而推动制造业向服务型制造转型升级。

六、政府应积极推进制造业在服务型制造转型领域中的国际合作，并加快服务型制造人才培养

政府有关部门应积极搭建多层次的促进制造业向服务型制造转型的国际交流平台，鼓励各地方、园区、企业创新合作方式，推动国际交流合作。支持有条件的制造企业在国外布局研发设计中心和分支机构，建立面向全球的开放式制造服务网络。政府有关部门应积极引导有实力的高端装备制造企业增强核心服务能力，取得国际认可的服务资质，积极承揽国际工程项目，推动目标国家及市场在高端装备制成品、技术、工程采购及使用环节采纳我国高端制造产品标准、认证评价制度及结果，达成双多边国际互认，带动中国更多高端装备制成品、技术、标准、认证和服务"走出去"。

政府有关部门应加快高端化、复合型人才的培养和引进，建设以"经营管理人才＋专业技术人才＋技能人才"为核心的制造业向服务型制造转型升级工程的人才培育发展体系。依托重点人才工程，加大制造业服务型制造转型领域人才的培养力度。支持制造企业与研究机构、高等院校、中职院校加强合作，开展有针对性的人才培养及培训，尤其要培育以下领域的高层次、复合型、创意型人才：能娴熟运用新一代信息通信技术进行研发突破与设计创新的人才；能构建并提供制造企业信息增值创新服务的人才；能专业化管理制造企业供应链的人才；能专业化管理制造企业产品全生命周期的人才；能设计并构建制造企业客户系统化解决方案的人才；能高效运营管理制造企业总集成与总承包工程的人才。政府有关部门还应鼓励行业组织积极搭建国

际交流平台，推动制造业在服务型制造转型领域中的国际人才交流。支持制造企业通过服务外包、项目合作等形式，提升人才的国际视野与专业能力。此外，政府有关部门还可牵线搭桥，加大制造业在服务型制造转型领域中的国际高端人才引进力度，并做好相关服务工作。

参 考 文 献

[1] 安筱鹏. 制造业服务化路线图 [M]. 北京：商务印书馆，2012.

[2] 陈洁雄. 制造业服务化与经营绩效的实证检验——基于中美上市公司的比较 [J]. 商业经济与管理，2010（4）：33-41.

[3] 陈漫，张新国. 经济周期下的中国制造企业服务转型——嵌入还是混入 [J]. 中国工业经济，2016（8）：93-109.

[4] 陈秀英. 制造业投入服务化对制造业价值链攀升影响的实证研究 [J]. 经济问题探索，2016（7）：112-118.

[5] 陈丽娴，沈鸿. 制造业服务化如何影响企业绩效和要素结构——基于上市公司数据的PSM-DID实证分析 [J]. 经济学动态，2017（5）：64-77.

[6] 郭跃进. 论制造业的服务化经营趋势 [J]. 中国工业经济，1999（3）：64-67.

[7] 顾乃华. 工业投入服务化：形成机制、经济效应及其区域差异——基于投入产出数据和HLM模型的实证研究 [J]. 产业经济研究，2010（3）：23-30.

[8] 何哲，孙林岩，李刚. 中国制造业发展战略的研究评述和展望 [J]. 科学学研究，2008（1）：83-92.

[9] 黄群慧，霍景东. 中国制造业服务化的现状与问题——国际比较视角 [J]. 学习与探索，2013（8）：90-96.

[10] 黄群慧，霍景东. 产业融合与制造业服务化：基于一体化解决方案的多案例研究 [J]. 财贸经济，2015（2）：136-147.

[11] 黄群慧，霍景东. 《中国制造2025》战略下制造业服务化的发展思路 [J]. 中国工业评论，2015（11）：46-55.

[12] 胡查平，汪涛. 制造业服务化战略转型升级：演进路径的理论模型——基于3家本土制造企业的案例研究 [J]. 科研管理，2016（11）：119-126.

[13] 黄婷婷. 制造业服务化的经济效应与作用机制研究 [D]. 济南：山东大学，2014.

[14] 简兆权，伍卓深. 制造业服务化的内涵与动力机制探讨 [J]. 科技管理研究，2011（22）：104-107.

[15] 简兆权，伍卓深. 制造业服务化的路径选择研究——基于微笑曲线理论的观点 [J]. 科学学与科学技术管理，2011（12）：137-143.

[16] 姜铸，李宁. 服务创新、制造业服务化对企业绩效的影响 [J]. 科研管理，2015（5）：

29-37.

[17] 刘继国. 制造业服务化带动新型工业化的机理与对策 [J]. 经济问题探索, 2006 (6): 120-124.

[18] 蔺雷, 吴贵生. 制造业的服务增强研究: 起源、现状与发展 [J]. 科研管理, 2006 (1): 91-99.

[19] 刘继国. 产出服务化战略——维度、研究假设及其管理含义 [J]. 湖北经济学院学报, 2007 (4): 101-106.

[20] 刘继国, 李江帆. 国外制造业服务化问题研究综述 [J]. 经济学家, 2007 (3): 119-126.

[21] 蔺雷, 吴贵生. 我国制造企业服务增强差异化机制的实证研究 [J]. 管理世界, 2007 (6): 103-113.

[22] 李青原, 王永海. 资产专用性、资产一体化与公司并购绩效的实证研究 [J]. 经济评论, 2007 (2): 90-95.

[23] 李刚, 孙林岩, 李健. 服务型制造的起源、概念和价值创造机理 [J]. 科技进步与对策, 2009 (13): 68-72.

[24] 李开潮, 单凤儒. 企业核心竞争力研究——基于范围经济的研究视角 [J]. 哈尔滨商业大学学报 (社会科学版), 2011 (5): 33-40.

[25] 李海涛. 制造企业服务增强与企业绩效关系: 基于市场环境与网络技术的影响分析 [D]. 哈尔滨: 哈尔滨工业大学, 2014.

[26] 李靖华, 马丽亚, 黄秋波. 我国制造企业"服务化困境"的实证分析 [J]. 科学学与科学技术管理, 2015 (6): 36-45.

[27] 刘斌, 魏倩, 吕越. 制造业服务化与价值链升级 [J]. 经济研究, 2016 (3): 151-162.

[28] 李婧雯. 中国制造业服务化发展趋势及影响因素研究 [D]. 湘潭: 湘潭大学, 2016.

[29] 马德林, 杨英, 张博源. 中国企业: 拿地还是创新?——基于上市公司无形资产信息披露 [J]. 中国软科学, 2012 (11): 170-182.

[30] 闵连星. 中国上市制造企业服务化战略实证研究——因素及其与企业绩效关系 [D]. 成都: 西南交通大学, 2016.

[31] 彭祖湘. 运用范围经济理论分析企业多元化经营 [J]. 梧州学院学报, 2006 (2): 9-11.

[32] 綦良群, 赵少华, 蔡渊渊. 装备制造业服务化过程及影响因素研究——基于我国内地30个省市截面数据的实证研究 [J]. 科技进步与对策, 2014 (14): 47-53.

[33] 孙林岩,李刚,江志斌,等.21 世纪的先进制造模式——服务型制造[J].中国机械工程,2007(19):2307-2312.

[34] 童有好."'互联网+'制造业服务化"融合发展研究[J].经济纵横,2015(10):62-67.

[35] 吴敬琏.促进制造业的"服务化"[J].机械设计与制造工程,2008(22):16-17.

[36] 王丹,郭美娜.上海制造业服务化的类型、特征及绩效的实证研究[J].上海经济研究,2016(5):94-104.

[37] 王小波,李婧雯.中国制造业服务化水平及影响因素分析[J].湘潭大学学报(哲学社会科学版),2016(5):53-60.

[38] 徐斌.规模经济、范围经济与企业一体化选择——基于新古典经济学的解释[J].云南财经大学学报,2010(2):73-79.

[39] 肖挺,聂群华,刘华.制造业服务化对企业绩效的影响研究——基于我国制造企业的经验证据[J].科学学与科学技术管理,2014(4):154-162.

[40] 肖挺.中国制造企业"绩效—服务化悖论"的再论证[J].科学学与科学技术管理,2015(10):123-134.

[41] 杨才君,高杰,孙林岩.产品服务系统的分类及演化——陕鼓的案例研究[J].中国科技论坛,2011(2):59-65.

[42] 姚小远.论制造业服务化——制造业与服务业融合发展的新型模式[J].上海师范大学学报(哲学社会科学版),2014(6):60-71.

[43] 杨晓,郭晓川.范围经济研究综述[J].资源与产业,2016(4):110-115.

[44] 严力群,佘运九."互联网+"制造业服务化发展研究[J].中国集体经济,2017(10):64-65.

[45] 张仁华,黎志成,张金隆.范围经济与纵向一体化[J].管理工程学报,1997(4):219-224.

[46] 赵一婷,刘继国.制造业服务化:概念,趋势及其启示[J].当代经济管理,2008(7):45-48.

[47] 周大鹏.制造业服务化研究——成因、机理与效应[D].上海:上海社会科学院,2010.

[48] 周艳春.制造企业服务化战略实施及其对绩效的影响研究[D].西安:西北大学,2010.

[49] 赵勇,齐讴歌,曹林.装备制造业服务化过程及其保障因素——基于陕鼓集团的案例研究[J].科学学与科学技术管理,2012(12):108-117.

[50] 周大鹏. 制造业服务化对产业转型升级的影响 [J]. 世界经济研究, 2013 (9): 17 – 22.

[51] BRAX S A. A manufacturer becoming service provider: Challenges and a paradox [J]. *Managing Service Quality*, 2005, 15 (2): 143 – 155.

[52] DAVIES A, et al. Creating value by delivering integrated solutions [J]. *International Journal of Project Management*, 2005, 23 (6): 360 – 365.

[53] FISHBEIN B K, MCGARRY L S, DILLON P S. Leasing: a step toward producer responsibility [M]. *Inform Publisher*, 2000.

[54] FANG E, PALMATIER R W, STEENKAMP. Effect of service transition strategies on firm value [J]. *Journal of Marketing*, 2008, 72 (3): 1 – 14.

[55] HOMBURG C, HOYER W D, Fassnacht M. Service orientation of a retailer's business strategy: Dimensions, antecedents and performance outcomes [J]. *Journal of Marketing*, 2002, 66 (4): 86 – 101.

[56] KATO T, LONG C. CEO turnover, firm performance and enterprise reform in China: Evidence from micro data [J]. *Journal of Comparative Economics*, 2006, 34 (4): 796 – 817.

[57] KASTALLI I V, Bart VAN LOOY. Servitization: disentangling the impact of service business model innovation on manufacturing firm performance [M]. *Journal of Operations Management*, 2013, 31 (4): 169 – 180.

[58] MATHIER V. Service strategies within the manufacturing sector: Benefits, costs and partnership [J]. *International Journal of Service Industry Management*, 2001, 12 (5): 451 – 475.

[59] NEELY A. Exploring the financial consequences of the servitization of manufacturing [J]. *Operations Management Research*, 2008, 1 (2): 103 – 118.

[60] OLIVA R, KALLENBERG R. Managing the transition from products to services [J]. *International Journal of Service Industry Management*, 2003, 14 (2): 160 – 172.

[61] PANZAR J C, WILLIG R D. Economies of scope [J]. *American Economic Review*, 1981, 71 (2): 268 – 272.

[62] REISKIN E D, WHITE A L, KAUFFMAN J, et al. Servicing the chemical supply chain [J]. *Journal of Industrial Ecology*, 2010, 3 (23): 19 – 31.

[63] VANDERMERWE S, RADA J. Servitization of business: Adding value by adding services [J]. *European Management Journal*, 1988, 6 (4): 314 – 323.

[64] VISNJIC I, NEELY A, WIENGARTEN F. Another performance paradox?: A refined view on the performance impact of servitization [J]. *Ssrn Electronic Journal*, 2012, 23 (3): 36 –

39.

[65] VISNJIC I, VAN L B. Revisiting servitization: When is service oriented business model innovation effective? [M]. *Academy of Management Annual Meeting*, Chicago (USA), August, 2009.

[66] WISE R, BAUMGARTNER P. Go downstream: The new profit imperative in manufacturing [J]. *Harvard business review*, 1999, 77 (5): 133 – 141.

附 录

《"互联网+"背景下广东制造业服务化的转型升级路径探索：机理、问题与对策》研究报告

一、研究背景、内容及特色

（一）研究背景与意义

现阶段处于经济新常态，广东制造业以往长期依靠廉价生产要素投入、低成本低价格、忽略市场需求、盲目规模扩张的粗放式增长模式难以为继，亟须转型升级，寻找新的发展路径。2015年，"互联网+"写进了李克强总理的政府工作报告；同年，国务院公布了《中国制造2025》中国版"工业4.0"规划。上述战略规划揭示了"互联网+"时代背景下，中国制造业的转型升级之路：顺应全球制造业发展潮流，推进信息技术互联网技术与制造业的深度融合，由制造变为"智造"，推动制造业服务化，提供系统产品服务，使其更契合市场需求，带动产业价值链升级。制造业服务化（服务型制造）的目标是为最终顾客提供符合其个性化需求的广义产品（有形实物产品+无形服务产品），即提供系统产品服务。制造业服务化是基于制造的服务，是面向服务的制造，它将有效提升制造业产业价值链，是当今全球产业发展最显著的特征与趋势。

信息技术革命"互联网+"深刻变革市场需求模式、制造业的生产经营

附录 《"互联网+"背景下广东制造业服务化的转型升级路径探索：机理、问题与对策》研究报告

模式以及资源获取的配置方式，广东制造业唯有适应服务化大势所趋，从生产型制造逐渐转变为服务型制造，才能"智造"出不可复制的全新系统产品服务，从而赢取客户重获竞争优势，创造多个全新价值增值环节，最终走出困境，实现转型升级与长远发展。"互联网+"背景下，广东制造业服务化转型，完全契合国务院公布的《中国制造2025》中国版"工业4.0"规划的政策意图，是广东制造业由大变强的基本方向，是广东实现转型升级、构建现代产业体系的核心环节，也是实现经济增长方式转变的重要内容，意义重大而深远。

（二）研究内容与方法

本报告探求"互联网+"背景下广东制造业服务化转型升级的路径，拟分成以下四个子内容，详见本报告第二、至五部分。

1. 子内容一："互联网+"背景下广东制造业服务化转型的内在机理

制造业服务化内在机理在于制造企业所提供的系统产品服务或产品服务一体化解决方案具有成本弱增性（subadditivity），此种属性使得制造企业在提供系统产品服务时，具有范围经济优势与竞争优势，这些优势根源于制造企业知识资产（技术、诀窍、管理、品牌、渠道与客户资源等）的通用性（相对于资产专用性而言）、稀缺性与不可复制性。制造企业知识资产价值与成本弱增性成正相关关系，即知识资产价值越大，成本弱增性就越强，制造企业愈趋于服务化转型升级，服务型制造企业知识资产的通用性质也因此得到进一步增强。

子内容一详见本报告第二部分。

2. 子内容二："互联网+"背景下广东制造业服务化转型的动力机制

动力机制体现为以下六方面。

机制一：互联网信息技术促动市场需求由产品导向向产品服务导向转变，"客户至上"的观念深入人心。

机制二：互联网信息技术促动制造业实现以为客户服务为要旨的个性定制与柔性快速生产，互联网信息技术全流程覆盖与集成应用为实施量身定制

(made to measure，MTM）创造了条件。

机制三：互联网信息技术促动制造业实现智能制造，以客户为中心提供系统产品服务或一体化产品服务解决方案，创造多个全新的价值增值环节，获取全新竞争优势与更多财务收益。

机制四：互联网信息技术变革制造业营销模式以求更好服务客户、满足需求，增强客户黏性。

机制五：互联网信息技术变革制造业组织体系，促进制造业跨界产业融合与资源整合，兼并服务机构，或与后者建立产业同盟或将部分业务外包给后者，通过服务化转型升级，获取新的竞争优势。

机制六：互联网技术可使制造业共享"云资源"服务，实现生产要素利用社会化，变革制造业资源配置方式，通过共享外部经济创造更大价值。

子内容二详见本报告第三部分。

3. 子内容三：广东推进制造业服务化面临的问题、挑战与策略建议

广东推进制造业服务化面临的问题主要体现为以下三点：第一，制造业服务化内在动力不足；第二，制造企业服务化转型障碍较多，既面临专业知识储备匮乏，又面临资金技术相关人才的匮乏；第三，缺乏外部支撑条件，如缺乏政策引导支持、存在较多政策障碍，等等。

广东推进制造业服务化面临的挑战体现为诸多能力不足：研发与创新设计能力不足；信息增值服务创造能力不足；供应链专业管理能力不足；产品全生命周期管理能力不足；为客户提供系统解决方案（总集成、总承包）的能力不足；提供智能服务的能力不足。

在揭示"互联网+"背景下广东制造业服务化面临问题与挑战的基础上，提出以下策略建议：第一，省工业与信息化职能部门及行业协会等相关职能机构需要向工业制造业企业大力宣传"服务型制造"理念，改变生产型制造根深蒂固的传统观念，促使其树立起服务化转型升级的强烈意识；第二，打造有利于广东制造业服务化转型发展的政策体系，落实支持广东制造企业服务化转型的财税、金融等政策，并加强企业的知识产权保护；第三，广东应积极组织实施推进制造业服务化转型的科技专项行动；第四，省经信部门

可联合有关部门，创建完善多个有利于制造业转型的专业服务平台，并开展制造业服务化升级的示范推广系列活动；第五，应积极推动制造业服务化转型领域的国际合作，并加快制造业服务化转型复合型人才的培养。

子内容三详见本报告第四部分。

4. 子内容四："互联网+"背景下广东若干代表性制造业（服装、家装建材、家电、汽车、通信设备）服务化转型升级的具体模式与对策举措

在上述分析的基础上，具体分析广东五个代表性制造行业——服装、家装建材、家电、汽车、通信设备转型升级之路，既有知识技术密集型制造业（通信设备）、资本技术密集型制造业（家电、家装建材、汽车），也有传统劳动密集型制造业（服装）。不同类型制造业服务化转型升级路径不同、模式择取不同，对策举措亦有差异。这部分研究具有实际可操作性。

广东服装业服务化转型的具体模式是个性化定制与规模定制生产相结合的量身定制（made to measure，MTM）模式。具体对策举措有四项，详见本报告第五部分。

广东汽车产业可采用两种模式：汽车金融服务模式和驾驶者综合信息在线支持服务模式。第一种模式具体对策举措有三项，第二种模式具体对策举措有三项，详见本报告第五部分。

广东家电制造业服务化转型升级模式应是互联网器智造创客平台模式。具体对策举措有四项，详见本报告第五部分。

广东通信设备制造业服务化转型模式是通信设备集成化专业服务体系模式。具体对策举措有四项，详见本报告第五部分。

广东家装建材业服务化转型模式体现为"智能工厂+丰富线上营销"模式，实力雄厚的建材出口企业还可采取"跨境电商+海外仓"模式，加速国际化进程。具体对策举措有三项，详见本报告第五部分。

研究方法方面，本报告主要采取理论与实践相结合的分析方法。

理论规范研究体现为子内容一"'互联网+'背景下广东制造业服务化转型的内在机理"与子内容二"'互联网+'背景下广东制造业服务化转型的动力机制"。

实践实例研究体现为子内容三与子内容四。子内容三分析广东制造业服务化转型的问题、挑战，提出化解策略，这一部分属于实践研究方法。子内容四将子内容一、子内容二的机理与机制运用于广东实践，分别分析广东五大代表性制造行业服务化转型的具体模式与对策措施，也属于典型的实践研究方法。

（三）成果的应用前景

本报告为广东五个代表性制造行业转型升级提供具体路径与对策参考。本报告为广东五个代表性不同类型制造行业（通信设备制造、家电、汽车、家装建材、服装）设计具体的服务化转型模式，并提出服务化转型升级的具体对策举措，即为广东上述五个行业"互联网＋"背景下服务化转型升级提供具体的模式路径，拟定具体翔实、操作性强的对策举措。详见本报告第五部分。

此外，本报告为广东有关政府部门如发展和改革部门、工业和信息化部门、科技部门提供重要决策参考。本报告分析广东制造业服务化面临的典型问题与挑战，并针对性地提出战略性应对策略。如提出树立制造与服务融合的产业发展观，此建议可供发展和改革、工业和信息化等部门参考；如提出完善制造业服务化的财税金融环境，此建议可供财税部门与金融监管部门参考；如提出模仿发达国家，组织实施制造业服务化科技专项，可供工业和信息化、科技等部门提供重要决策参考。详见本报告第四部分。

（四）特色与创新之处

本报告对制造业服务化内在机理的经济学诠释具有理论创新价值，这是本报告的特色之一。对于制造业服务化，大多数学者研究制造企业服务化的直接动因，如可以更好地为客户服务、创造更多价值，等等，这些分析留于表面，较为肤浅。本报告对制造业服务化内在机理进行深入的经济学诠释：系统产品服务具有成本弱增性，这使得制造企业在提供系统产品服务时具有范围经济优势与竞争优势，此种优势来源于制造企业知识资产的通用性、稀缺性与不可复制性；制造企业知识资产价值与成本弱增性成正相关关系，即知识资产价值越大,成本弱增性就越强,制造企业愈趋于服务化转型升级。本报告在一定程度上弥补了产业经济学与理论经济学研究的不足。

此外,本报告最大特色在于,既具有一定的理论研究深度,又具有较强可操作性与政策参考价值。理论深度体现在对"互联网+"背景下广东制造业服务化内在机理的经济学诠释。强可操作性体现在为广东五个代表性制造行业服务化转型升级提供具体模式路径指引,拟定具体翔实、操作性强的对策举措。政策参考价值体现在为有关政府部门如发展与改革综合规划部门、工业和信息化部门、科技部门提供重要决策参考。详见前文"(三)成果的应用前景"分析。

二、"互联网+"背景下制造业服务化转型升级的内在机理

1. 内在机理一

内在机理一体现为宏观经济层面:工业化后期及后工业社会时期,经济结构不断软化,制造业服务化转型升级顺应了经济结构软化这一经济发展必然趋势。

工业化后期及后工业社会时期,经济结构软化即服务经济占国民经济比重渐趋上升,已是必然趋势。经济结构软化、服务经济比重上升的必然性体现如下。

第一,工业化后期及后工业社会时期,消费性服务需求愈趋旺盛是必然趋势。

这一时期,人均收入水平大幅提升,中产阶层等富裕人群进入享受生活品质阶段,对能带来身心素质提升的各类消费性服务,如教育培训、心理咨询、旅游休闲、健美健身、保健医疗等服务,产生旺盛需求,由此导致消费性服务需求上升,促进结构软化及服务经济比重上升。

第二,工业化后期及后工业社会时期,生产性服务需求增大是必然趋势。

这一时期,人均收入水平大幅提升,中产阶层等富裕人群对制成品品质提出更高要求,制造业要向此类消费人群提供高品质制成品,而这主要依靠研发、设计、营销、售后维护与保养等生产性服务环节。有实力的制造企业

可以选择自己提供设计研发、营销售后等生产性服务；实力不足或更趋向于专业化的制造企业可以选择外购或外置此类生产性服务，即将此类服务外包给生产性服务企业。制造业无论趋向哪一种途径获得生产性服务，都是其提升市场竞争力、创造更多附加值的必要条件。制造企业价值链可视为"一条两端高、中间低"的微笑曲线，首、尾两端分别为设计研发环节、营销售后环节，中间是单纯的生产制造环节。毋庸置疑，中间生产制造环节创造的附加值最低，首、尾两端的设计研发与营销售后环节却能赋予制成品差异性、难以复制性、高品质及品牌特色，从而提升制造企业的市场竞争力，为其带来更多附加值。

总之，工业化后期及后工业社会时期，生产性服务需求增大是必然趋势。

第三，工业化时期及后工业社会时期，服务供给增大亦是必然趋势。

这一时期，农业与工业的生产率水平较高，不需要太多劳动力，劳动力这一生产要素从农业、工业中转移出来，向服务部门领域转移。此外，其他生产要素，如信息技术加速与服务业融合，资本在农业、制造业领域难以找到新增长点的情况下，也会更多流向新兴服务业。涌向服务部门领域的各类生产要素越来越多，导致服务供给必然增大。

综上所述，工业化后期及后工业社会时期，服务需求与服务供给两者共同作用、共同增大，必然导致服务经济比重增大、经济结构软化。因此，既然经济结构软化、服务经济比重增大是必然趋势、内在规律，那么制造业一定要遵循规律、顺应趋势，必定须选择服务化转型，方能获得更多增加值及长久市场竞争力，实现可持续性发展。

2. 内在机理二

内在机理二体现在中观行业技术层面："互联网+"背景下，信息技术日新月异且具有强大溢出效应，新一代信息通信技术向制造业全方位辐射与渗透是必然趋势，此种产业融合新态势必然催生出服务型制造（制造业服务化）、个性化定制等新型业态模式。

具体体现如下。

其一，"互联网+"背景下，新一代信息通信技术应用于制造业的研发设计领域，体现为集成化、虚拟化、多维化态势，催生出个性化定制小批量生产的服务型制造模式。

制造业的研发设计技术正经历从单项技术突破向集成应用方向的演变。CAD（计算机辅助设计）、CAPP（计算机辅助工艺计划）、CAM（计算机辅助制造）、CAT（计算机辅助测试）等制造领域的信息技术软件工具愈趋成熟，围绕产品研发设计，正以三维产品模型为核心，向产品设计、分析仿真、工艺规划、数控加工及质量检测等一体化方向发展，使得产品设计开发周期更短、个性化定制及小批量快速生产能力更强，有利于制造业服务化转型的新业态生成。此外，制造业的研究设计技术在网络技术、系统仿真技术的推进下，向虚拟化方向发展。通过虚拟技术实现虚拟产品研制，减少实际模具使用以及各种高成本的实验投入，从而提高效率、降低成本。此外，以三维CAD为代表的设计数字化已得到广泛应用，企业产品设计由二维走向三维、从三维转向数字样机，从简单计算和经验设计发展至复杂计算和优化设计，满足了客户个性化定制与多样化需求，催生出个性化定制小批量生产的服务型制造模式[①]。

其二，"互联网+"背景下，新一代信息通信技术应用于制造业生产制造领域，体现为智能化、精准化、高速化态势，可精准快速满足客户多元化、个性化需求，催生个性定制、柔性制造等服务型制造模式。

以数控机床为例。数控机床是实现制造业信息化的基础单元，在信息技术、新材料技术、自动化技术推动下，数控机床技术的升级换代步伐不断加快，智能化、精准化、高速化成为机床的发展趋势。智能化体现为智能监控、智能控制、智能诊断、智能决策、智能维护技术成为发展新趋势，数控机床及其制造系统加快与CAD、CAM、CAPP的有机集成；精准化体现为数控机床正向超精密切削、超精密磨削、超精密研磨抛光以及超精密加工方向发展，数控机床的精度正在从微米级向亚微米级，乃至纳米级发展；高速化是数控机床发展的重要趋势，围绕高速主轴单元、高性能数控系统以及数控工具系统的创新，成为数控机床发展的重要方向[②]。总之，正因为新一代信息通信

---

①② 安筱鹏. 制造业服务化路线图 [M]. 北京：商务印书馆，2012：60－63.

技术应用于制造业生产制造设备，体现为智能化、精准化、高速化态势，才可精准快速满足客户多元化、个性化需求，催生个性定制、柔性制造等服务型制造模式。

其三，"互联网+"背景下，新一代信息通信技术应用于制造业管理系统，体现为集成化、网络化趋势，更好服务于客户多方面需求，促动制造企业服务化转型。

管理信息化是制造业信息化的重要组成部分，管理信息化正由基础管理信息化向综合管理信息化发展。从技术发展趋势来看，主要体现为以下两个特征。第一个特征是集成化。制造企业在实现生产、销售、成本、采购等业务信息化的基础上，管理系统向综合集成方向发展。企业资源管理与客户关系管理相结合，实现市场、销售、服务的一体化。第二个特征是网络化。ASP（应用服务平台）成为中小企业管理信息化发展的趋势，它将为客户提供包括客户关系管理、进销存管理、人力资源管理等在内的信息服务，亦便于中小企业的业务合作、交易和协同。ASP 需要数字化、网络化的业务联动支撑平台以及数据共享的行业标准[1]。在这一过程中，管理软件网络化的趋势越来越明显，客户将通过网络订购所需的应用软件服务，改变传统经营管理模式。总之，新一代信息通信技术应用于制造业管理系统，体现为集成化、网络化趋势，可以更好服务于客户多方面的需求，促动制造企业服务化转型。

3. 内在机理三

内在机理三体现在微观企业层面：无形资产价值高的专业化制造企业，通过服务化转型升级可获取范围经济优势与竞争优势，原因在于此类制造企业无形资产的通用性、稀缺性与不可复制性。其中，资产通用性是最关键因素。

《企业规模经济与范围经济》一书的作者钱德勒，早已注意到制造企业为了实现扩张开始为其客户提供包括配送、安装、服务、修理和信贷等服务。他在书中指出，如果交易是复杂的，如果需要专业知识来销售、安装和维护产品并且提供必要的信贷安排，并且如果需要昂贵的专业化设施来分发货物，

---

[1] 安筱鹏. 制造业服务化路线图 [M]. 北京：商务印书馆，2012：60 – 63.

附录 《"互联网+"背景下广东制造业服务化的转型升级路径探索：机理、问题与对策》研究报告

那么由制造商业提供这些产品和服务的范围经济就会越来越明显①。他最早指出了专业化制造企业趋向服务化转型的内在动因——可获取范围经济。

无形资产价值高的专业化制造企业服务化转型可获取范围经济，根源于资产通用性。而经济学中最早出现的相关概念是资产专用性，资产通用性相对于资产专用性而言。

资产专用性是指用于特定用途后被锁定很难再移作其他性质的资产，若改作他用则价值会降低，甚至可能变成毫无价值的资产。一般而言，资产专用性可分成五种类型：①场地专用性，指为节约库存和运输成本而被排列的相互密切联系的一系列站点；②物质资源专用性，比如生产某零件所必需的专用模具；③以"干中学"方式获得的人力资本专用性；④专项资产，主要指根据客户的紧急要求特意进行的投资；⑤品牌资产专用性，包括组织或产品的品牌和企业的商誉等。

资产通用性，相对于资产专用性而言，是指资产替换使用程度及与其他资产结合使用的程度。简言之，资产可以挪作他用，此时成本弱增，可产生价值增值。

成本弱增性的概念，由夏基、鲍莫尔在研究自然垄断时提出。所谓成本弱增性（subadditivity），是指由一个企业生产一定数量产品（既可是单一产品，也可是多产品的组合）的成本小于多个企业分别生产同等数量产品的成本之和。生产提供单一产品的成本弱增性体现为规模经济；生产提供多种产品（如实物产品+服务产品）的成本弱增性体现为范围经济②。

品牌、渠道、客户资源及技术诀窍、管理系统等无形资产具有通用性，此种通用性体现为无形资产价值高的制造企业由原先单纯提供产品改向为客户提供有形实物产品+无形服务产品，不会产生成本剧增，只体现为成本弱增，并且由于提供了附加值较高的服务，可产生较大的价值增值，促使此类企业享有范围经济优势。

第一，品牌这一无形资产具有通用性。当制造企业的有形实物产品在客

---

① 钱德勒. 企业经济与范围经济 [M]. 北京：中国社会科学出版社，1999：16.
② 安筱鹏. 制造业服务化路线图 [M]. 北京：商务印书馆，2012：37.

户群中具有相当美誉认可度并产生客户黏性之后，品牌扩散效应可以充分展现出来，此时，制造企业如再推出相应系列附加服务，就极易被客户认可接受。客户会像信任品牌实物产品一般，信任同一品牌制造商提供的无形服务产品，制造企业因此产生成本弱增性，在节省了大量的广告营销费用的同时，因服务创造了更多附加值，最终生成了范围经济优势。

第二，渠道这一无形资产具有通用性。企业渠道是指将企业的实物产品或服务产品提供传递给客户的途径。当企业提供附加服务时，往往可以依托原先提供实物产品的渠道网络，节省开设新的渠道所需的场地费、租金、人工费等费用。即便增加相关服务人员费用，也是成本弱增，因服务创造了更多附加值，故而生成了范围经济优势。

第三，客户资源这一无形资产具有通用性。制造企业在长期经营与激烈竞争中所赢取的客户资源，是企业获得长期竞争优势的一项重要无形资产。客户对制造企业的信任与认可，千金难求！基于这种信任与认可，会产生客户对制造企业及其品牌的黏性，客户继而会认可企业在实物产品基础上推出的附加服务。制造企业因此减少与客户之间的沟通与交易成本，产生了成本弱增与范围经济优势。

第四，技术诀窍这一无形资产具有通用性。制造企业提供的产品与后续的服务之间，天然就具有强烈的技术相关性。制造企业全程掌握实物产品全生命周期过程中的各种技术参数，为开展后续服务奠定相关基础。如不少交通工程机械设备类制造企业根据相关技术参数，为客户提供一系列后续服务，如融资租赁、在线交易、电子商务、物流配送、在线诊断、维修保养，等等。制造企业在提供实物技术产品的同时，附加相关技术服务，可节省技术服务人员费、技术开发费、信息资源费等费用，实现成本弱增、创造更多附加值，生成范围经济优势。

第五，管理系统这一无形资产具有通用性。制造企业在长期残酷的市场竞争中，形成有生命力且独具特色的管理生态系统，涵盖管理体系、组织模式及管理文化等内容。这一无形资产具有通用性，制造企业为客户提供实物产品与提供无形服务，均可共享企业独具特色的管理系统，减少人事、行政、财务、后勤等诸多部门管理费用，实现成本弱增。现在，一些制造企业管理系统已包含若干直接面向客户的服务体系，如产品全生命周期管理（PDM）、供应链管理（SCM）、客户关系管理（CRM），等等，这些服务体系基于实物产品，全面为客户考虑，全方位提供服务，创造更多增加值，促进企业形成范围经济优势。

综上所述，正是由于品牌、渠道、客户资源及技术诀窍、管理系统等无形资产具有通用性，无形资产价值高的制造企业由原先单纯提供实物产品改向为客户提供有形实物产品+无形服务产品，不会产生成本剧增，只会成本弱增，并且由于提供了附加值较高的服务，可产生较大的价值增值，促使此类企业生成范围经济优势。而且，通常情况下，无形资产（含知识资产）通用性越强的制造企业，成本弱增性越强，范围经济优势越明显，此类企业越趋向于服务业转型升级。

此外，无形资产价值高的专业化制造企业，通常其无形资产还具有稀缺性与不可复制性，此类企业利用此种特性的无形资产进行转型——为客户提供差异化、难以复制的服务，从而可获取长期竞争优势，立于市场不败之地。

竞争战略专家迈克尔·波特认为，企业竞争优势来源于差异性，即当企业能为客户提供差异化、不可复制的产品时，其可获取不同于市场竞争对手的异质性优势。无形资产价值高的制造企业，其品牌、渠道、客户资源、技术诀窍、管理系统均具有稀缺性与不可复制性，由此形成差异性。基于差异性无形资产，此类制造企业可为客户提供具有差异性、难以复制的无形服务产品，由此创造市场竞争优势。譬如，有技术诀窍的专业化制造企业享有专利保护，同行业的市场竞争对手难以掌握此项专利，依托这项差异化、难以复制的无形资产，制造企业不仅可向客户提供有形的技术产品，还可向客户提供基于产品的无形技术服务，如实物产品的安装调试、维护保养、故障在线诊断、远程追测、维修更新等服务，甚至是更高端的基于客户真切需求的有形产品与无形服务融为一体的全面解决方案。上述服务均具有稀缺性与差异性，竞争对手望尘莫及，难以复制。由此，制造企业凭借具有难以复制性的无形资产而产生的差异性服务，在市场上长期占据竞争优势，立于不败之地。

综上所述，无形资产（含知识资产）价值高的专业化制造企业，为获取长期竞争优势，趋向于向客户提供难以复制的、差异化的、稀缺的无形服务产品，趋向于服务化转型升级。

三、"互联网+"背景下制造业服务化转型升级的动力机制分析

制造业服务化转型的根本动力在于，现代社会经济不断发展、科技快速进步，服务在经济生活中的地位越发重要，市场需求中服务成分所占的比例也日益提高。激烈的市场竞争促使制造业主动适应客户需求的改变，从而挖掘新的竞争优势、提高客户黏性并获得更多的经济利益。如今，互联网与现代经济深度融合，互联网信息技术推动和加速了制造业服务化转型的进程，具体的动力机制体现如下。

1. 机制一

机制一：互联网信息技术促动市场需求从产品导向向产品服务导向转变，"客户至上"的观念深入人心。

目前，制造业的市场需求正在发生由"产品导向"向"产品服务导向"的转变，这种转变是制造业服务化的一个根本动力。产品服务导向型需求意味着客户不再仅仅满足于从企业获得实物产品，而是倾向于获得由产品和与产品相关的设计研发、物流配送、安装维护、技术支持、金融以及咨询等一系列服务组成的"产品服务包"。制造业面临的市场需求之所以发生这样的转变，有两种原因：其一是面对产品同质化严重的市场，客户的选择行为有所改变；其二是产品本身的技术特征发生了变化。在过去的传统工业化中，"福特制"这一采用流水线作业实现标准化大规模批量生产的生产方式被制造业普遍采用，"福特制"大幅度降低了生产成本，但也使得市场被大量的同质产品充斥。面对同质产品泛滥的境况，客户开始根据自己的需要和期望提出更多个性要求来帮助其进行选择。例如，重视个性化的客户会提出在产品的设计研发环节加入相应的个性元素，或者希望购买的设备实现高效运营、达到预期使用寿命的客户会要求厂商长期提供远程技术支持或负责专业的维修维护，诸如此类基于产品的要求刺激了相关服务需求的产生。另一方面，

随着科学技术的飞速发展，制造业生产工艺不断革新，新技术得以快速、深入地与产品融合，使得制造业产品的构造越来越复杂、配套零部件越来越精细、技术含量越来越高。这种产品技术特征的变化对从售前咨询、物流运输、安装维修、使用培训到售后技术服务、性能维护以及报废设备回收等环节涉及的服务，提出了更专业、更复杂的要求，这些服务由制造企业之外的其他服务方供应的难度亦大大提高。

在信息革命发生后，互联网信息技术与人们生产生活的方方面面紧密结合，受此影响，制造业的市场需求由产品导向至产品服务导向的这一转变得以加速。首先，互联网信息技术作为现代集成制造的基本技术条件，广泛地应用于制造产品的研发、生产、质检、品控等环节中，融合了互联网信息技术的制造产品也愈发具有智能化、精密化、高技术含量化的技术特征，客户对产品相关专业服务的需求愈发迫切。其次，互联网作为知识和信息便利传播的公共平台，一定程度上消除了信息不完全性、不对称性，制造企业能够实时、准确地掌握客户需求，从而提供相应的产品和服务，实现供给对需求的快速有效的响应。此外，受互联网信息技术普及的影响，电子商务、互联网经济迅速推广，人们的生活和消费习惯逐渐向线上转移，消费者成为互联网上最活跃的用户，甚至可以通过互联网平台直接主动地参与制造企业的生产活动。互联网信息技术使客户与制造企业之间的关系变得"扁平化""直接化"，亦促动了市场需求向产品服务导向的转变，由此改变了市场上制造企业之间的竞争行为。当前，"客户至上"的观念已然深入人心，只有不断了解和匹配客户的新需求，制造企业才能长期得到客户的青睐，从而在与客户的紧密联系和频繁互动中获得更多的价值，提高自身竞争力。

2. 机制二

机制二：互联网信息技术促动制造业实现以客户服务为要旨的个性定制与柔性快速生产，互联网信息技术全流程覆盖与集成应用为实施量身定制（made to measure，MTM）创造了条件。

20世纪六七十年代，一些发达国家开始开发柔性生产技术、推广柔性制造。柔性制造同样基于机械化的自动流水线作业，但其生产过程主要依靠基于信息技术的计算机数控机床，进行多品种、小批量的生产。相对传统的刚性制造而言，"柔性"指的是在生产过程中适应内、外部环境变化时体现出的灵活性。柔性制造实行"订单决定产量"的生产管理和弹性生产体系，能够实现零库存或极少库存生产；在同一条生产线上，只需要对设备进行简单的设置调整就能实现不同品种产品的批量生产，能够快速、低成本地响应外部市场环境的改变。另外，柔性制造的技术突破，不仅使企业能够为新产品的投产拓展原有生产系统的结构，还允许在部分机床发生故障的时候维持正常的生产能力，由此灵活地应对来自生产系统内部的干扰。这种结合了互联网信息技术的柔性制造使批量生产和个性化产品可以兼得，克服了传统刚性制造的不足。

目前，用于柔性生产的计算机数控机床等设备已经随着互联网信息技术的突破整合为计算机集成制造系统，借助互联网信息技术，尖端的柔性制造方式如智能制造、虚拟制造等方式不断涌现。智能制造将人工智能投入生产过程中，利用智能机器人的信息搜集、分析、决策和自学能力，提高生产各个环节的效率；虚拟制造则是基于仿真技术，在不消耗现实资源的前提下，模拟生产的全过程，帮助制造企业在投产前找出生产中可能发生的问题，预警企业以使其提前完善应对机制，还能预测产品的性能、预估未来收益和风险，帮助企业做出合理的生产决策。互联网信息技术在制造业的应用大程度地提高了生产的"柔性"，方便制造企业实现以客户服务为要旨的个性定制和柔性快速生产，为企业实施量身定制（made to measure，MTM）的生产创造了技术条件。

3. 机制三

机制三：互联网信息技术促动制造业实现智能制造，以客户为中心提供系统产品服务或一体化产品服务解决方案，创造多个全新的价值增值环节，获取全新竞争优势与更多财务收益。

在当下，市场竞争的日趋激烈越发要求企业专注于自己拥有核心竞争力的关键环节，促使劳动分工进一步细化，许多核心以外部门的经济活动可以通过外包或购买服务等方式完成。因此，制造企业面对的客户需求不再局限于产品本身,而是倾向于得到整体化、系统化的解决方案服务,这就要求制造企业将所在产业链上下游的各种资源进行整合和集成应用,发展以客户为中心的系统产品服务或一体化的产品服务解决方案。完整的产业链上有资金流、信息流、物流等资源流,其中,信息流发挥着最为基础和关键的载体作用。互联网信息技术支撑下的智能制造就是将信息流与制造过程高度融合,将采购情况、客户个性化需求等输入企业的情报系统,同企业的原材料库存、半成品库存、生产计划安排等信息相结合,利用智能机器人分析和处理这些信息,自动安排生产加工、进行成品的性能和质量检测,在生产环节的下游又与物流、安装、维修维护等环节实施信息对接和实时反馈,从而为客户提供覆盖产品全生命周期的完整服务。

通过信息流和智能制造相结合的生产、经营方式,制造企业有能力按照客户的不同需求为其提供个性的整体解决方案式服务,譬如系统集成工程、交钥匙工程、承接维护外包业务等,这些服务已经超出了设备安装、售后维修等传统的产品附属服务范畴,为企业创造了全新的价值增值环节。进一步地,制造企业通过提供系统产品服务和一体化产品服务解决方案实现了从传统产品制造商到服务供应商、集成商的身份的转换。整体解决方案式服务的提供,主要依赖企业拥有的知识、信息等无形资产,这些无形资产在同行竞争中独具特色且不可替代,构成了企业新的竞争优势,也为企业带来了更多的财务收益。

4. 机制四

机制四:互联网信息技术变革制造业营销模式,以求更好服务客户、满足需求,增强客户黏性。

互联网信息技术搭建了一个广泛的、开放的即时平台,改变人们的沟通方式和生活习惯,开启了互联网经济时代。互联网经济有"体验式消费"和"扁平化社群"两个突出特征:"体验式消费"在产品或服务的推广阶段采取免费体验、让利促销等方式迅速扩张客户群体的规模,通过良好的用户体验培养客户对企业的依赖性和忠实度,从而获取长期的利益;"扁平化社群"则为客户和企业搭建直接平等的交互渠道,客户的需要和意见能够及时反馈到企业，促使企业积极改进产品或服务的质量。互联网信息技术促进制造企业加强与客户及时充分沟通，从客户体验出发设计产品及服务，主动向客户需求靠拢。

这种互联网思维导致制造业营销模式的革新。其一，由于互联网与人们的生活深度交融，消费者在网络上的行为习惯往往在一定程度上反映了其需求倾向，制造企业借助大数据收集和分析，能够以较低的成本在这些公开信息中捕捉潜在客户群体和新商机，改以往的被动销售为有针对性的主动营销。其二，互联网思维强调客户参与、客户体验的重要性，引导制造企业加强与客户的实时互动，一方面使企业准确掌握客户需要，设计开发更贴合客户实际需求动向的前瞻性产品，降低开发成本、提高研发效率；另一方面也让企业方便地获取客户的使用反馈，进而及时地对产品进行升级换代，提高客户的满意度、培养品牌口碑和客户信赖。其三，互联网信息技术的应用使制造企业能方便地建立和管理客户信息档案，根据客户信息分析区别不同类型的客户群体，设计和提供差异化、多样化的产品及服务。其四，制造企业与客户的关系趋于扁平化，引导企业的营销目标从短期提高成交量变为培养长期战略伙伴关系客户，构建和完善专属于企业的完整供应链，与客户进行长期稳定的"双赢"合作，有效降低交易成本、实现长期收益的增长。

总之，互联网信息技术变革了制造业的营销思路与模式，促使制造企业以客户需求为中心组织企业的经营活动，从传统制造商转变为解决客户个性化需求的服务供应商，以求更好地为客户服务、满足客户需求变动，在提高核心竞争力的同时培养客户对企业和品牌的忠诚度，增强客户黏性。

5. 机制五

机制五：互联网信息技术变革制造业组织体系，促进制造业跨界产业融合与资源整合，并购服务机构，或与后者建立产业同盟或将部分业务外包给后者，通过服务化转型升级，获取新的竞争优势。

互联网信息技术蓬勃发展时期，制造业的竞争范围随着电子商务的发展普及进一步扩大，激烈的市场竞争使一些制造企业无暇顾及核心业务之外的其他部门的经营活动。这些企业为了精简内部组织结构，将企业本身拥有的部分服务部门压缩或裁除，将这些业务交给专业的服务机构，采取产业同盟或服务业务外包的形式与服务机构进行长期合作，以降低交易成本。调整后的企业以外部投入取代内部供应满足企业经营活动中的服务需要，从而将有限的要素和资源专注于核心部门，企业的核心竞争力得到强化。

另外，互联网信息技术还催化了制造业的产业融合浪潮，从而使其组织体系发生变革。为了发展服务业务、开拓服务市场，制造业沿生产性服务这一联系纽带与服务业进行跨界融合和资源整合。许多制造企业并购服务机构拓展服务业务、完善服务产品体系，被兼并的服务机构往往在对应领域里有着强专业性和出色的市场表现，方便企业迅速在新服务业务中取得优势；或是有较强的区域性，利用其根植于所在地区的特征，有利于制造企业进入和拓展当地服务市场。并购新的服务机构还能够加强制造企业的服务能力、提升企业服务质量、加速服务化进程。此外，在信息化的基础上，制造企业改变了以往独立组织生产、单独参与市场竞争的经营策略，开始有意识地搭建以企业本身为中心，涵盖采购、设计、生产、销售、物流等全环节在内的供应链体系，以客户的需求为原点，与供应链上下游的其他企业或机构紧密合作，共享资源、协同生产，最大限度地提高生产效率，强化企业在全供应链上的竞争力。当下，制造业变革其组织体系，制造业与服务业的边界越来越模糊，制造业因此实现服务化转型升级，进一步获得全新的竞争优势。

6. 机制六

机制六：互联网信息技术可使制造业共享"云资源"服务，实现生产要素利用社会化，变革制造业资源配置方式，通过共享外部经济创造更大价值。

前沿互联网信息技术推动了现代制造业步入"云时代"，并随之发展出"云制造"的概念。"云制造"基于云计算的思想，将信息化的先进制造技术与新型物联网技术、人工智能等前沿技术手段相结合，把各种制造资源、制造能力进行虚拟化、数字化和服务化，在广泛开放的网络环境中，构建制造业资源"云池"，并对其进行集中统一管理，通过云终端按需为客户提供规范可靠、即时便利、覆盖制造业全流程和产品全生命周期的服务。

云制造平台汇集了制造业组织生产所需的信息、知识和专业制造能力等资源，使制造业可以通过这一平台共享"云资源"服务，变革了制造业的资源配置方式。在信息资源方面，云制造平台直接对接企业，收集和综合产品供求信息，搭建公平、公开、高效的中间品交易平台，除投标、询报价、下单交易等基础功能外，还提供订单识别匹配、收集和分析市场信息以给出决策建议等智能化的增值服务。知识资源方面，云制造平台允许企业用户上传和下载可公开的设计方案、工程图纸、标准件模型、技术资料、专业软件、教育培训视频等数字化知识资源，供平台内其他用户进行共享和重复利用，降低了知识传播的门槛。专业能力资源方面，云制造平台为用户提供生产能力、设计能力等资源的共享服务以及一体化解决方案服务：平台鼓励企业用户以交易生产能力的方式进行协同制造，由能力供应方提供专业的生产设备和生产条件，配合能力需求方的生产计划组织生产，不仅提高了制造业的生产效率，同时也大大降低了专业设备、专用生产线闲置带来的资源浪费；平台为企业用户提供协同设计和任务众包的服务，由平台内的专业设计团队和企业直接接洽直至任务完成，企业可以将部分设计开发工作通过云平台外包，从而精简自身内部的设计团队，节省劳动力成本；另外，平台凭借拥有的市场信息、行业信息等优势，还能为企业用户在经营、供应链管理、销售管理等领域遇到的问题提供专业的咨询服务或整体解决方案服务，助力制造企业服务化转型升级。

互联网的发展除了推动了"云制造"这类专业的制造业服务平台诞生，也孕育了来自"民间"的"众创"空间，为制造企业带来了源源不断的创新动力。互联网信息技术促使现代制造业的生产要素利用日益社会化，知识、信息、人才等专业资源的获取成本大幅降低，制造企业通过共享外部经济实现了多方共赢，创造了更高的价值。

四、"互联网+"背景下广东推进制造业服务化面临的问题、挑战与应对策略建议

（一）"互联网+"背景下广东推进制造业服务化面临的问题

广东推进制造业服务化面临的问题主要体现为以下三点：第一，制造业

附录　《"互联网+"背景下广东制造业服务化的转型升级路径探索：机理、问题与对策》研究报告

服务化内在动力不足；第二，制造企业服务化转型障碍较多，既面临专业知识储备匮乏，又面临资金技术相关人才的匮乏；第三，缺乏外部支撑条件，如政策引导支持等。

第一，广东制造业服务化转型内在动力不足。

较长时期，广东这一经济强省都以制造业称雄，但服务业比重与生产者服务业比重却没有明显优势，所以可以说广东是制造业强省，而非服务业强省。随着人民币汇率以及劳动力与土地成本攀升，广东劳动密集型低附加值的传统外向型制造业优势不再，广东制造业亟须转型。后工业社会时代或服务经济时代，广东亟须由制造业强省向服务业强省转型，广东制造业企业也亟须向服务化转型。

但广东制造业企业服务化转型意识较为淡薄。广东制造业企业存在长期路径依赖：主要依靠资源要素投入和规模扩张的粗放经济增长方式，对于制造业服务化转型"是增强产业竞争力、推动制造业由大变强的必然要求；是顺应新一轮科技革命和产业变革的主动选择；是有效改善供给体系、适应消费结构升级的重要举措"[①] 认识较为不足，加之长期路径依赖造成的惰性，广东制造业服务化转型的内在动力较为不足。

此外，制造业服务化转型，是对原企业生产经营模式、营销模式、资源配置模式、组织模式的重大变革，本身是个比较艰辛的过程，面临主观方面专业知识储备不足与客观方面资金、技术、人才的匮乏（下文详细提及）。一些制造企业也想转型，但因上述障碍较多，导致风险较高、可能会失败。上述因素亦造成广东制造企业服务化转型顾虑较多，内在动力不足。

第二，广东制造业服务化转型面临专业知识储备不足与资金、技术、人才匮乏，障碍困难较多，较难推进服务化转型升级。

制造企业服务化转型，首先需要大量专业化知识储备：新一代信息通信技术与制造业产业融合，利用信息技术进行创新设计及衍生信息增值服务的专业知识；专业化供应链管理的知识；产品全生命周期管理的专业知识；系

---

① 引自：工业和信息化部、国家发展改革委、中国工程院联合发布的《发展服务型制造专项行动指南》（2016）。

统解决方案以及总集成、总承包的专业知识；智能服务新趋势的专业知识；等等。广东制造企业对上述服务化转型所需的专业知识储备普遍明显不足。不仅主观上专业知识储备不足，客观上广东制造企业服务化转型所需资金、技术、人才也都很匮乏。

首先，资金匮乏。制造业服务化转型通常需要对原有制造企业的生产经营模式、营销模式、资源配置模式、组织模式等进行重大革新，借助现代化信息技术手段，创建以"全方位契合客户需求"为核心的全新信息化的生产经营体系、营销体系、资源配置体系与组织体系。这需要大量的资金投入，而且具有较高风险性，不一定能成功，所以广东制造企业尤其是不知名的中小型制造企业，很难通过银行贷款等手段获得外源性资金支持，而如果通过自有资金来服务化转型，往往捉襟见肘、难以为继。

其次，技术能力匮乏。广东不少制造企业都不具备新一代信息通信技术与本企业相融合的能力，而这是制造企业服务化转型的关键。譬如，在研发设计领域，不少制造企业还将重点放在单项技术突破方面，而新一代信息通信技术应用于制造业的研发设计领域，促使制造业研发设计技术正经历从单项技术突破向集成应用方向的演变，体现出集成化、虚拟化、多维化特征，而广东广大中小制造企业普遍缺乏研发设计技术集成化、虚拟化、多维化发展的能力。换言之，广东大多数制造企业还没有将新一代信息通信技术应用于研发设计领域，或者缺乏将新一代信息通信技术与自身研发设计相融合的能力，因此难以推进服务化的转型升级。

再次，人才匮乏。制造企业服务化转型的最大困难在于人才匮乏。应用新一代信息通信技术于制造企业研发设计领域、提供制造企业信息增值服务、管理制造企业专业化供应链、管理制造企业产品全生命周期、提供制造企业客户系统化解决方案、完成以制造企业为核心的总集成与总承包、在把握智能服务新趋势基础上提供制造企业消费领域增值服务，等等，都需要高层次、复合型、创意型人才。此种人才，广东制造业严重匮乏，这是制约广东制造业服务化转型升级的关键因素。

第三，广东制造业服务化转型缺乏政策支持，现有不少政策甚至阻碍制造企业服务化转型升级。

制造业服务化转型进入成熟阶段的标志，往往是成立制造业控股的专业化、独立化的服务公司，这需要相应政策的扶持。而现阶段，我国专业化、独立化的服务业企业的发展，非但没有政策扶持，反而存在较多政策障碍。具体表现如下。

其一是财政援助与融资政策障碍。

传统的财政援助方式较难适应服务企业发展要求。受财政管理体制约束，服务业引导资金及行业性财政资金，主要面向实体经济项目，在资金拨付上要求必须有具体项目作为载体。而创意设计、研发设计等高端生产性服务业以知识投入为主，实体项目较少，某种程度上较难获得财政扶持。

现行的银行授信评估方法更加适用于工业企业，主要针对有形不动产进行授信评估。但服务企业其资产和核心竞争力往往是知识产权、品牌、人才等无形资产，能够用于抵押贷款的有形固定资产较少，较难符合银行授信条件。

服务业企业上市融资难。生产性服务企业，无论是营业收入规模还是现金流量水平都难以和工业企业相提并论。现行"一刀切"的上市门槛设定，导致服务业企业较难达到上市要求。另外，证监会还规定发行企业最近一个会计年度期末无形资产占净资产的比例不得高于20%，对于缺少有形固定资产的服务业企业，特别是一些新兴生产性服务企业来说，无疑加大了上市融资的难度。

其二是土地政策障碍。

服务业企业均面临土地成本较高、数量较少的问题。服务行业千差万别，把服务业用地都归为商业用地，对部分行业而言这是有失公允的。物流、研发等生产性服务行业具有一定的公共品性质，盈利水平相对较低。如物流业平均利润率一般不超过10%，面对高昂的商业地价，许多服务业企业难以承受。除土地成本较高外，服务业供地总体偏少也是影响重点服务业发展的一个重要原因。受"重工业、轻服务业"传统思维的影响，许多地方政府仍将工业用地需求置于优先地位，从而导致服务业用地需求难以满足。土地供给严重不足在一定程度上制约了专业化服务业企业的发展。

其三是税收政策障碍。

在生产性服务业的税收问题上,存在税负偏重、生产性服务业税收优惠范围不及制造业工业等突出问题。例如,物流等行业固定资产投入大,但外购固定资产进项税却不能抵扣,实际上扩大了企业的应纳税额,存在多征税的问题。

由于税收政策障碍,服务业相对于制造业而言税负偏重。制造业增值税可以以成本抵扣,而服务业却难以以成本抵扣,导致从实际税负出发而言,服务业高于制造业。

其四是价格管理政策障碍。

服务业用水用电费用长期高过工业,后来虽然实行重点生产性服务业与工业用水用电同价政策,但在执行方面未全部落实到位,仍有不少生产性服务企业反映服务业用水、用电尚未执行与工业同网同价。

此外,高端生产性服务如在商务服务领域,政府指导价浮动空间过小。譬如,规定会计、咨询等商务服务价格执行政府指导价格,价格上浮不得超过基准价格的20%。而现实情况是,商务服务企业规模大小不一,提供服务的质量良莠不齐,规模较大、实力较强的商务服务企业运营成本较大,如一味限定在政府指导价中,将严重打击其积极性、限制其长远发展。

其五是知识产权保护政策不到位。

知识产权保护问题较为突出。知识产权保护经验不足,加之执法不严以及地方政府保护问题,企业和个人假冒侵权行为较为普遍,对软件设计创意抄袭现象的遏制程度有限,作为知识技术密集型服务业核心竞争力的知识产权难以得到有效保护,阻滞了此类服务业的发展。

诸多政策障碍阻滞了专业化、独立化的服务业企业的发展,亦阻滞了制造业服务化向成熟化阶段过渡,即由制造业控股的专业化、独立化的服务公司(企业)的发展壮大。因此,亟须消除上述政策障碍,建立有利于制造业服务化转型的包含财政、金融、土地、税收、价格管理、知识产权等政策在内的综合性政策支撑体系。

(二)"互联网+"背景下广东推进制造业服务化面临的挑战

挑战,主要体现为能力不足。

第一，广东制造企业研发与创新设计能力不足。

广东制造企业绝大部分处于加工组装环节，产品处于微笑曲线产品价值链低端，企业严重缺乏自主研发与创新设计的能力，企业没有能力创新设计并制造出完全契合客户个性化、多样化需求的产品及服务，难以进行服务化转型升级。

第二，广东制造企业信息化水平不高，缺乏提供信息增值服务的能力。

制造企业信息化水平与能力，决定其是否能顺利推进服务化转型升级。广东制造企业信息化水平不高，缺乏信息化方案设计、系统开发和综合集成能力，难以实现研发设计、生产组织、质量控制和运营管理等子系统互联互通、协同运行，最终难以实现制造业服务化转型升级——研发设计与创新制造出完全契合客户个性化、多样化需求的产品与服务。

广东制造企业普遍缺乏提供信息增值服务的能力，缺乏利用软件和信息通信技术创新服务模式、提升服务效率及提高产品附加值的能力。很多制造企业无法针对客户特定需求，研发设计具备个性设定和动态更新功能的产品，亦不能拓展线上线下多元服务。在重大技术装备、特种设备和日用消费品制造等领域，广东很多制造企业亦不能开展在线支持和数字内容增值服务，缺乏提供信息增值服务的能力。

第三，广东制造企业缺乏供应链专业管理能力，导致其难以推行服务化转型升级。

广东制造企业普遍缺乏供应链专业管理能力：很多企业缺乏针对原材料、在制品、半成品、产成品等生产物流活动进行系统设计的能力；缺乏应用互联网和物联网技术，建设面向客户订单的供应链管理模式的能力；缺乏构建数据协同的柔性供应链和智慧供应链体系的能力。供应链专业管理能力普遍欠缺，导致广东制造企业难以推行服务化转型升级。

第四，广东制造企业普遍缺乏产品全生命周期管理能力，难以推行服务化转型升级。

广东制造企业普遍缺乏产品全生命周期管理能力：广东制造业企业普遍没有实施产品全生命周期管理（PLM），缺乏系统管理从需求分析到淘汰报废或回收再处置产品全生命周期的能力；绝大多数制造企业没有能力应用互网平台和系统软件来获取产品生产和使用全过程的数据信息，因此无法提供协同管理、资源管理、数据服务等功能服务。正因为如此，所以，广东制造企业面对客户普遍难以推行产品全生命周期管理服务，因而难以转型升级。

第五，广东通信、交通等领域的制造企业普遍缺乏为客户提供系统解决方案（总集成、总承包）的能力。

广东通信、交通等领域的制造企业，没有能力提供专业化、系统化、集成化的系统解决方案，以满足客户综合需求。这些企业普遍业务流程与组织结构滞化，没有能力集中整合资源优势，开展设施建设、检验检测、供应链管理、节能环保、专业维修等领域的总集成总承包，以满足客户的综合需求并同时实现自身的服务化转型升级。

第六，广东制造企业普遍没有意识到智能服务新趋势，缺乏培育发展智能服务的能力。

广东制造企业普遍没有意识到制造企业智能服务新趋势，没有意识到需要以消费者为中心，构建以个性化定制、柔性化生产和社会化协同为主要特征的智能服务网络。因为没有此种意识，所以广东制造企业普遍缺乏培育发展智能服务的能力：没有能力建设覆盖客户需求、研发设计、生产制造、销售服务等全流程的大数据技术体系和支撑服务体系；没有能力通过传感器、控制系统、工业 APP 发展以及物联网建设，进行深度数据分析和数据挖掘技术研发，亦就无法发展"制造即服务"业务——在设计、制造、检测、认证、营销、维护等领域探索开展智能服务。

（三）"互联网+"背景下广东推进制造业服务化战略性的策略建议

第一，广东省工信厅与行业协会等相关职能机构需要向工业制造业企业大力宣传"服务型制造"理念，改变生产型制造根深蒂固的传统观念，促使其树立起服务化转型升级的强烈意识。

2016 年 7 月，为贯彻落实《中国制造 2025》，工业和信息化部、国家发展改革委、中国工程院共同牵头制订了《发展服务型制造专项行动指南》。服务型制造，即指制造业向服务化转型，是制造与服务融合发展的新型产业形态，具体是指制造企业通过创新优化生产组织形式、运营管理方式和商业发展模式，不断增加服务要素在投入和产出中的比重，从以加工组装为主向"制造＋服务"转型，从单纯出售产品向出售"产品＋服务"转变，有利于其延伸和提升价值链、提高全要素生产率、产品附加值和市场占有率。

依据此项专项行动指南的精神，广东省工信厅与行业协会等相关职能机构需要向省工业制造业企业大力宣传"服务型制造"理念，促使其改变生产型制造传统根深蒂固观念，促使其树立起服务化转型升级的强烈意识。工信厅与行业协会等相关职能机构需要通过各种宣传途径促使广东传统制造企业意识到以下两点。

其一，发展服务型制造，促进广东制造业服务化转型，是增强产业及企业竞争力、推动广东制造业由大变强的必然要求。广东是制造业强省，但制造业在国际产业分工体系中总体处在中低端，面临着资源环境约束强化和生产要素成本上升等问题，主要依靠资源要素投入和规模扩张的粗放经济增长方式难以为继。发展服务型制造，实现制造业服务化转型升级，以创新设计为桥梁，推动企业立足制造、融入服务，优化供应链管理，深化信息技术服务和相关金融服务等应用，升级产品制造水平提升制造效能，拓展产品服务能力契合客户个性化全方位需求，达到延伸和提升价值链并提高产品附加值和市场占用率的目的，促进广东制造企业可持续发展，培养其竞争新优势。

其二，发展服务型制造，促进广东制造业服务化转型，是顺应新一轮科技革命和产业变革的主动选择。工业化进程中产业分工协作不断深化，催生制造业的服务化转型。"互联网＋"背景下，信息化特别是新一代信息通信技术的深度应用，加速了服务型制造的创新发展。发达经济体的实践证明，发展服务型制造是抢占价值链高端的有效途径。当前，国际产业分工格局正在发生深刻调整，广东制造业亟须补足短板，实现服务化转型发展。同时，"互联网＋"的深入推进为服务型制造提供广阔发展空间和强大技术支持，必须加快制造与服务的协同融合，才能重塑广东制造业价值链，培育广东制造业发展新动能。

唯有改变广东制造企业生产型制造根深蒂固的传统观念，促使其树立起服务化转型升级的强烈意识，才能顺利推进广东制造业服务化转型升级。

第二，打造有利于广东制造业服务化转型发展的政策体系，落实支持广东制造企业服务化转型的财税、金融等政策,并加强企业的知识产权保护。

财政部近年来表示"营改增"改革要继续深化,要在建筑业、房地产业、金融业、生活服务业四个行业进行试点,至此"营改增"改革已全面铺开,预计不久将来,营业税将退出历史舞台。这将有利于制造业的服务化转型。因为制造业服务化转型,往往涉及制造企业进入生产性服务业领域,或制造企业将相关生产性服务环节外包给专业化服务公司,以往征营业税往往造成重复纳税情况。而营改增后,全面实施增值税,不仅可以避免重复纳税,而且减轻了服务业领域的税负,有利于制造企业与外包服务公司开展专业化分工协作,或有利于制造企业进入生产性服务业领域。此外,还需将服务技术含量、服务方式和商业模式创新等纳入高新技术企业的认定标准,使从事高端服务的制造企业能够享受相关税收优惠政策。总之,需要构建并落实有利于广东制造业服务化转型的税收政策。

此外,亟需加大财政支持力度以促进广东制造业服务化转型。广东现有的服务业财政专项资金重点扶持服务业发展的关键领域与薄弱环节,但这只是单纯针对服务业,没有及时把握制造业服务化转型的新趋势。从实际情况看,制造业拓展的服务化转型领域往往具有较高附加值,是产业竞争的制高点。加大财政对制造业服务化的支持力度,就是把制造业服务化转型作为服务业专项政策支持的重要对象,把制造业拓展的系列高端服务如研发设计、电子商务、在线诊断、金融租赁、总集成总承包的整体解决方案等作为专项支持的重要内容,把制造业服务化转型过程中的商业模式创新与技术创新作为专项支持的重要领域[1]。通过财政专项资金(如奖励、贷款贴息和财政补助等支持方式)大力支持广东重点制造企业服务化转型项目,加快广东制造业服务化转型升级进程。

广东还应构建并落实相关金融政策措施以促进制造业服务化转型。如鼓励金融机构创新开发能满足制造业服务化转型需要的金融产品和服务,譬如,鼓励物流金融业务发展,支持相关金融产品与服务创新。又如以资金支持广东高端装备制造业涉及服务化转型的重点工程和重大项目的实施。鼓励社会

---

[1] 安筱鹏. 制造业服务化路线图 [M]. 北京:商务印书馆,2012:326.

附录　《"互联网＋"背景下广东制造业服务化的转型升级路径探索：机理、问题与对策》研究报告

资本参与广东制造业企业服务创新，健全完善市场化收益共享和风险共担机制。积极向中央争取试点机会，加大金融市场对广东制造企业的开放力度，降低广东制造企业进入金融市场的准入门槛，鼓励支持广东若干重点制造企业开展消费信贷业务。积极争取试点机会，把广东若干高端装备重点企业培育成融资租赁行业的重要参与者，实现广东融资租赁金融业与制造化服务化转型的双赢。

此外，还需加大对广东制造企业研发设计知识产权的保护力度，建立知识产权协同应用和风险防范机制，健全知识产权交易和中介服务体系。

第三，广东应积极组织实施推进制造业服务化转型的科技专项行动。

制造业服务化往往涉及科技创新，譬如制造企业以满足客户需求为核心的自动化生产制造系统、专业化供应链管理系统、高效物流配送系统、产品全生命周期管理系统等等，都具有学科交叉、多技术集成的特点，属于技术密集型的科技创新领域，需要政府的科技政策予以大力扶持。

广东省科技厅应把制造业服务化转型面临的重要科技问题作为政策支持的重点领域，做好相应的科技规划，组织实施推进制造业服务化转型的科技专项行动。在科技专项行动中，围绕制造业服务化转型的核心环节如智能制造、电子商务、物流配送、供应链管理、在线维护、系统集成等领域，支持重点企业开展相应的技术研究攻关、运营模式创新、标准规范试点、行业区域示范，探索可供复制的制造业服务化转型模式，加快广东制造业服务化转型升级的步伐。广东省工信厅也可发挥重要作用，省经信委可以以服务化转型的龙头企业为载体，建立制造与服务融合创新工程实验室，打造制造业服务化转型的创新基地，积累可供借鉴参考的制造业服务化转型经验，并予以传播推广。

第四，广东省工信厅可联合有关部门，创建完善多个有利于制造业转型的专业服务平台，并开展制造业服务化升级的示范推广系列活动。

广东省工信厅可联合有关部门，推动完善信息基础设施，加强信息宽带网络建设和改造。广东省工信厅可联合有关部门，创建完善一批面向制造业的专业服务平台，这些平台涉及基础研发设计、产业技术基础、制造行业协同制造、供应链管理、信息增值服务和融资租赁等领域，这些专业服务平台

将有效支撑制造业企业提升服务创新能力。

广东省工信厅可联合有关部门,统筹社会组织、研究机构和制造企业等多方资源,开展"制造业服务化转型升级"主题宣传系列活动,开展示范企业、示范项目和创新模式案例总结和经验推广。发挥示范引领作用,增强辐射带动能力。广东省工信厅可联合有关部门,整合汇集制造业服务化转型领域的专家资源,建立相关专家库,深入产业园区和重点企业开展巡访、咨询和诊断服务,不断深化企业和社会对制造业服务化转型升级的认识。

第五,应积极推动制造业服务化转型领域的国际合作,并加快制造业服务化转型复合型人才的培养。

政府有关部门应积极搭建多层次的制造业服务化转型国际交流平台,鼓励各地方、园区、企业创新合作方式,推动国际交流合作。支持有条件的制造企业在国外布局研发设计中心和分支机构,建立面向全球的开放式制造服务网络。政府有关部门应积极引导有实力的高端装备制造企业增强核心服务能力,取得国际认可的服务资质,积极承揽国际工程项目,推动目标国家及市场在高端装备制成品、技术、工程采购及使用环节采纳我国高端制造产品标准,达成双边和多边国际互认,带动广东更多高端装备制成品、技术、标准和服务"走出去"。

政府有关部门应加快高端化、复合型人才的培养和引进,建设以"经营管理人才+专业技术人才+技能人才"为核心的制造业服务化转型升级工程的人才培育发展体系。依托重点人才工程,加大制造业服务化转型领域人才培养力度。支持制造企业与研究机构、高等院校、中职院校加强合作,开展有针对性的人才培养及培训,尤其要培育以下领域的高层次、复合型、创意型人才:能娴熟运用新一代信息通信技术进行研发突破与设计创新的人才;能构建并创新制造企业信息增值服务的人才;能专业化管理制造企业供应链的人才;能专业化管理制造企业产品全生命周期的人才;能设计并构建制造企业客户系统化解决方案的人才;能高效运营管理制造企业总集成与总承包工程的人才。政府有关部门还应鼓励行业组织积极搭建国际交流平台,推动制造业服务化转型领域人才的国际交流。支持制造企业通过服务外包、项目合作等形式,提升人才的国际视野与专业能力。此外,政府有关部门还可牵线搭桥,加大制造业服务化转型领域国际高端人才引进力度,并做好相关服务工作。

五、"互联网+"背景下广东若干代表性制造业(服装、家装建材、家电、汽车、通信设备)服务化转型升级的具体模式与对策举措

(一)"互联网+"背景下广东服装制造业服务化转型升级的具体模式与对策举措

1. 广东服装制造业服务化转型的具体模式

具体模式是个性化定制与规模定制生产相结合的量身定制(made to measure,MTM)模式。

当前服装产业已从低成本恶性竞争走向品牌与服务竞争。服装业低成本、同质化竞争时代已一去不复返,在激烈市场竞争中存活下来的企业皆是具有知名品牌且能提供优质服务的企业,如红领集团等。这些服饰品牌企业皆有自己的细分市场,为细分市场客户提供相对个性化的服饰产品及服务。

此外,信息技术的深入应用为服装业商业模式的创新奠定基础。21世纪初期,三维人体扫描仪的面世大幅提升专业裁缝量体的工作效率。这种安装在商店更衣室的系统可在不接触人体的情况下测量消费者的人体尺寸,产生数字化拷贝,并将数据保存、输送至服装生产线上。CAD(计算机辅助设计系统)与CAM(计算机辅助制造系统)在服装生产线上的应用,大大提升了服装柔性制造的水平。电子商务、网上购物日益广泛和普及,深刻影响了人们的服装购买习惯和行为。总之,随着服装设计、生产、销售等关键环节新技术的成熟与发展,个性设计、大规模定制生产方式将被诸多服装公司采纳,为消费者提供个性化选择。

上述时代背景下,个性化定制与规模定制生产相结合的量身定制(made to measure,MTM)模式诞生了。传统标准化的服饰制造方式能满足规模需求,但却无法满足个性化需求。手工裁缝、贴身服务的制衣方式至今仍存在于上层社会,但是成熟技师的供给能力有限,且工艺水准的精准性无法与智

能化设备媲美。个性化定制与规模定制生产相结合的 MTM 模式集合了两者的优势。一方面，MTM 能全方位满足客户个性化、差异化需求，通过 MTM 模式，客户得以全程参与服装设计，客户个性化自我审美理念得到展示，消费选择得到充分尊重，选购服装不再拘泥于服饰制成品本身，数字化的高品质服务贯穿客户消费体验全过程，个性化、差异化品牌诉求（私人服饰顾问）得以充分体现出来。另一方面，MTM 又因高效智能化设计制造而同时满足多个中高端客户群定制需求而形成规模经济。综上所述，个性化定制与规模定制生产相结合的 MTM 模式将成为广东服装制造业服务化转型升级的借鉴模式。

2. 广东服装制造业服务化转型的对策举措

第一，实现信息技术全进程覆盖和集成应用。

实现信息技术全进程覆盖和集成应用是实施 MTM 模式的必要条件。为打造数字化、个性化的 MTM 定制业务平台，需要搭建以服装 MTM 电子商务平台、服装 ERP（企业资源计划系统）、服装 CAM（计算机辅助制造系统）、服装 MES（制造执行系统）为核心的一体化信息系统支撑平台，包括全国专卖店在内，布设各种终端多台及多个服装 CAD（计算机辅助设计）工作站，实现 MTM 专业生产线数字化、个性化设计。

建立 MTM 业务所必需的纵向一体化数字化程序，实现信息技术全进程覆盖和集成应用，方能实现个性化定制生产的实时监控和管理。具体场景描述如下：在市场销售最前端，工作人员通过自主研发的激光三维测量仪，为客户采集定制所需要的数据，并将尺寸数据导入电脑里，借助网络传输至平台数据库，数据库对数据进行检索、分类、验收。CAD 中心接收数据后，从数据库自动制版、排版，编写生产工艺、质量标准等要求，同时在相关流程共享所需信息。在经过归拨、整理、缝合、熨烫、定型、检验、包装等全部自动化程序后，服装产品配套入库。只要经过一周左右的时间，一套个性化定制成品就能够最终通过专业物流配送至客户手中。

第二，构建巨型版型数据库系统是实现 MTM 模式的关键条件。

倚助专业软件公司，开发专业软件，以服装 CAD（计算机辅助设计系统)为依托,建立能够基本覆盖各种体型的正装版型数据库。在版型数据库系统中,各版型按规律排列,并建立索引进行存储。在海量版型的比配设计方面,应充分利用计算机技术的优势,借助 CAD 与数据库系统,基本满足所有顾客的个性化需求。

第三,建立国际先进水平智能生产线,实现生产智能化数字化管理。

应引进国内先进的专用智能化设备,构建国际先进水平智能生产线,提升生产自动化水准。如西装生产线可引进世界上最先进的专业设备,如意大利 KD 预缩机、德国 KANNGIESSER 黏合设备、德国 PFAFF 和日本 JUKI 缝纫设备、德国 BRISAY 全套立体整烫定型设备、法国 LECTRA 电脑自动剪裁系统、瑞典 RTON 全自动线挂传输系统,加上引进国际先进的 CAD 电脑制版系统、自动裁床设备,等等[1],生产可全面实现智能化、数字化管理。这是实现 MTM 模式的重要条件。

第四,建立现代化的管理制度。

广东民营服饰企业要做大做强,需要摒弃家族式管理,建立现代企业制度。可从全国各地吸引多名复合型的专业精英人才,充实到企业中高层管理队伍中。引入员工持股计划,激励管理骨干和技术骨干。同时,需要建立人才孵化机制,建立员工培训中心,作为培养适应 MTM 模式的设计、制造与营销人才的孵化器,借鉴国际上先进的员工培训模式,每隔一个周期,选拔一定比例的培训人员充实生产经营一线,不断滚动、充实,使所有上岗人员都能达到岗位要求。

此外,为完善决策民主化、科学化,还可聘请战略、人事、财务、管理、营销等领域的外部专家组成专家咨询委员会,在此协助下,不断完善企业经营管理制度,应对激烈的市场竞争挑战。现代化的管理制度与管理体系是实施 MTM 模式的重要保障。

---

[1] 安筱鹏. 制造业服务化路线图[M]. 北京:商务印书馆,2012:139.

(二)"互联网+"背景下广东家装建材制造业服务化转型升级的具体模式与对策举措

1. 广东家装建材制造业服务化转型升级的具体模式

广东建材企业服务化转型模式体现为"智能工厂+丰富线上营销"模式,实力雄厚的建材出口企业还可采取"跨境电商+海外仓"模式,加速国际化进程。

具体包含以下三方面内容。第一,"互联网+"背景下,广东家装建材企业需要借力移动互联、云计算、大数据、物联网等信息技术手段,重组、优化企业的原材料链、生产链、供应链和营销链管理,转型建立智能工厂,借助互联网实现原材料、生产、供应、营销和管理的智能化协同。第二,"互联网+"背景下,广东建材企业可采取丰富的线上商业营销模式:集思广益、企业与客户共同"智造"产品的商业模式;虚拟现实、实体体验、触景生情的营销模式;微信公众号等新媒体营销方式等。第三,"互联网+"叠加"一带一路"时代背景之下,实力雄厚、出口能力较强的广东家装建材企业可尝试建立"跨境电商+海外仓"模式,将线上跨境电商综合服务平台与线下海外仓管理服务相结合,直击建材企业出口活动中的物流和售后服务两大痛点,加速国际化进程。

2. 广东家装建材制造业服务化转型升级的对策举措

广东家装建材制造业服务化转型升级的具体对策如下。

第一,"互联网+"背景下,广东家装建材企业需要借力移动互联、云计算、大数据、物联网等信息技术手段,大力推行数字化、信息化革新,建立智能工厂,借助互联网实现研发、生产、营销和管理的智能化协同。

"互联网+"背景下,有实力的广东家装建材龙头企业可借力移动互联、云计算、大数据、物联网等信息技术手段(信息技术公司帮助)建设企业私有云、混合云平台或租用建材业公共云平台,为建材业同行企业提供新型原材料、工业规划设计软件 CAD、CAM 等,并积极构建数字化智能工厂综合管理系统、数字化产品管理系统(PDM)、制造执行系统(MES)、企业资源计划系统(ERP)、企业应用整合系统(EAI)、客户关系管理系统(CRM)等全方位的智能化管理体系,再造研发、生产、营销和管理的流程和模式,借助互联网实现研发、生产、营销和管理的智能化协同。以此提高广东建材企业经营管理水平,使广东家装建材企业重新焕发活力与生机。

第二,"互联网+"背景下,广东家装建材企业应采取丰富的线上线下营销模式。

"互联网+"背景下,广东家装建材企业应采取丰富的线上线下营销模式,具体可参鉴模式如下。

①集思广益、企业"智造"产品的商业模式。

传统建材商业营销模式是企业自行设计、研制和制造,再通过门市销售,实现在市场上的流通。在"互联网+"时代,建材消费者希望可以更多地参与企业建材制品的"创造",希望企业能结合自身的想法和创意提供产品,因此,企业需要收集消费者的创意"智造",以保证产品更加适用于消费者。企业可以采用线上线下用户沙龙、线上线下用户体验活动、体验店等方式让用户来参与提供需求、提供创意的过程,甚至可以通过电商平台为消费者设立"吐槽社区""创意社区"和"点子社区",并配套积分、奖金和赠品奖励等政策,让广大消费者成为企业"最好的设计者"。

②虚拟现实、实体体验、触景生情的营销模式。

数字化智能建材、智能家居、智能传感器等建材都可以通过虚拟现实技术满足用户体验,也可以基于传统的门市布置情景营销体验店,打造特色场景,让广大消费者能切实参与和体验使用场景,让消费者触景生情,激发购买欲望。

③玩转个人和企业新媒体、丰富新媒体营销方式。

新媒体营销模式是当下最为流行的一种产品和服务营销模式,新媒体营销方式主要有个人形式的新媒体营销和企业形式的新媒体营销。

个人形式的新媒体营销企业采用个人形式的新媒体模式,也就是企业在运营的过程中,基于个人注册的微信、微博、贴吧等进行建材产品的营销,其优势在于能够稳定与用户之间的信任度,让用户感觉更加真实。这种个人形式的新媒体,如果说一个账号能够添加上百甚至上千个的粉丝,那么多个账号的营销效果就是惊人的,同时企业可以针对不同的业务需要开通多个账号，每个账号都可营销不同的产品。

企业形式的新媒体主要是通过企业服务号和订阅号开展，企业根据所需的功能选择合适的公众号模式，能够在一定程度上树立企业形象。企业新媒体形式除公众号外，还有社群形式。社群形式的企业新媒体通过QQ群、微信群、贴吧或者其他新媒体建立起一个社群，召集更多的粉丝加入社群进行互动，通过维系一个社群来获得用户黏度，慢慢地渗透自己的营销信息，时间长了，也就能为企业品牌带来潜移默化的有利影响。

第三，"互联网+"叠加"一带一路"时代背景之下，实力雄厚、出口能力较强的广东家装建材企业可尝试建立"跨境电商+海外仓"模式，将线上跨境电商综合服务平台与线下海外仓管理服务相结合，加速国际化进程。

实力较强、出口能力较强的广东家装建材企业可以以"互联网+"思维为依托，基于现代服务理念，整合上下游供应链资源，构建服务于全球用户的B2B跨境电商外贸综合服务平台。这一跨境电商外贸综合服务平台整合保险、物流、商检、海关、银行等外贸供应链的多个环节，严格甄选广东及中国优质建材企业加盟此平台，为他们提供产品推广、网络营销、市场拓展以及通关、仓储、物流、保险、融资、资信调查、认证等覆盖国际贸易全流程的综合性出口解决方案，实现全流程在线的一站式外贸综合服务。同时，这一跨境电商外贸综合服务平台还为海外买家提供在线的一站式外贸综合服务，为海外买家提供在线一站式采购方案。这一平台还可向供求双方提供交易担保，保证交易安全、高效。

此外，跨境电商还需与海外仓结合，通过"跨境电商+海外仓"模式，加速国际化进程。"跨境电商+海外仓"的商业模式，将线上跨境电商综合服务平台与线下海外仓管理服务相结合，直击建材企业出口活动中的物流和售后服务两大痛点。在这一模式下，B2B跨境电商平台不仅推动供应链上下游环节有效整合，能够帮助国内中小企业抱团出海，而且自建海外仓把优质的现货更快地呈现给海外企业级买家，突破了建材出口企业在物流、仓储、售后服务等方面的瓶颈，降低了成本、提高效率，为建材企业出口业务注入了全新活力，推动了国际化进程。"一带一路"倡议背景下，可重点布局"一带一路"倡议沿线国家，在这些国家加快海外仓建设，未来数年建成数

附录　《"互联网+"背景下广东制造业服务化的转型升级路径探索：机理、问题与对策》研究报告

十个甚至上百个海外仓，为广东及中国建材企业在"一带一路"倡议沿线国家开展业务提供便利。

（三）"互联网+"背景下广东家电制造业服务化转型升级的具体模式与对策举措

1. "互联网+"背景下广东家电制造业服务化转型升级的具体模式

广东家电制造业服务化转型升级模式应是互联网器智造创客平台模式。

互联网器制造创客平台模式是"互联网+"背景下传统广东家电企业服务化转型升级的典型参鉴模式。这一模式强调以用户为中心、为用户创造价值，"互联网+"背景下为用户提供的家电不是传统电器而是网器，即可实现用户与家电之间的交互互联，构建互通智慧的家电系统，由提供产品向提供一体化解决方案转变。由此促使传统自产自销模式转化为众创定制、产销合一的"智慧家庭+互联工厂"模式。互联网器智造模式下，传统家电企业组织架构发生重大变革——企业平台化，为创客化的员工提供资源与服务。传统家电企业物流服务体系也发生重大变革，所构建的三网体系——营销网、服务网、物流网形成有机整体，形成通路，构建起社会化的服务平台。

2. "互联网+"背景下广东家电制造业服务化转型升级的对策举措

"互联网+"背景下广东家电制造业服务化转型升级的具体对策如下。

第一，以用户为核心，将传统家电转变成用户与产品交互互联的智能网器，为用户提供一体化的解决方案而不是单纯的产品。

广东家电企业应首先依靠互联网了解用户的个性化需求，把无数小众的需求变成相对大众的订单，把原先的寻找市场变成创造市场。

"互联网+"时代，用户对多种家电的需求是智能、开放、兼容及易用等，如此才能达到不同家电之间能够互相识别、协同工作，实现最大程度的智能化。广东家电企业应着手开发智慧型智能家电管理系统。即采用有线与无线网络相结合的方式，把所有设备通过信息传感设备与网络连接，从而实现"家庭小网""社区中网""世界大网"的物物互联，并通过物联网实现3C产品、智能家电系统、安防系统等的智能化识别、管理以及数字媒体信息的共享。如海尔智能家电用户在世界的任何角落、任何时间，均可通过打电

话、发短信、上网等方式与家中的电器设备互动，畅享"安全、便利、舒适、愉悦"的高品质生活，做到"身在外，家就在身边；回到家，世界就在眼前"。此种场景下，传统家电转变成能与用户交互互联的网器，并通过智能平台与接口开放实现人与网器、网器与外部资源的互联互通、无缝对接。此种智慧性的智能家电管理系统，让网器能够根据用户的个性化需求，主动提供服务，为用户提供全流程的最佳体验。

"互联网+"背景下，广东家电企业要用"连接、分享、流动、认知"的互联网思维，去构筑一个与用户互联互通、零距离交互的服务生态圈。基于此，广东家电企业要进行服务化转型，努力构建"一站式家电全生命周期解决方案"和"居家健康家电解决方案"的服务平台，为用户提供送货安装、维修、清洗、二手家电回收、置换及室内空气治理、厨房生活家电解决方案等一系列服务。广东家电企业需要努力构建与用户之间互联互通、零距离交互的大服务生态圈，并不断吸引第三方资源进入，共同为用户提供一站式家电服务和居家健康家电解决方案，这样的服务体系或一体化解决方案将满足用户个性化的系统服务需求，为用户提供全流程的最佳体验。

第二，建立智能化生产的高效率互联工厂。

广东家电企业应对传统的工厂及生产制造方式进行重大变革式改造，将其改造成可以接受客户众创定制、能够进行智能化生产的高效率互联工厂。

互联工厂颠覆传统的家电制造体系，由大规模制造转型为大规模定制，用户个性化需求汇聚，互联工厂通过大数据实现大规模定制、个性化生产，也就是物联网通过人、机、物的互联互通，满足用户个性化需求。而且工厂全工序以用户订单信息驱动互联，全过程透明化、无缝化、可视化。整个过程对用户完全透明，用户通过网络或者手机终端，随时可以查询订单状态。从订单接收、上线、安装模块、生产完成、装车物流、送达到家，等等，全部能够查看。

互联工厂不是一个工厂，不是一个制造车间，而是包括了市场、研发、采购、制造、物流、服务等全流程，其本质实际上是互联企业。

互联工厂变革整个供应链，包括生产、制造、物流、采购等各环节都已转型，由传统串联的部门组织变成共同面向用户的一个个小微体。这些小微体和用户小微之间是并联的关系，而不是串联的关系，即以用户为中心，各方基于不同的市场目标结成平行的小微体，风险共担，超利共享，共同满足用户需求。

同时，互联工厂实现了流程颠覆。由原来传统企业 ERP 管控下的串联模式变成并联的开放企业生态圈。原来用户的需求、体验信息等是通过串联的组织一步步传递的，这样传递的周期较长，还易造成扯皮现象。互联工厂模式下，实时用户的信息可以同步传递给互联工厂的设计小微、采购小微、物流小微与制造小微，大家事先参与交互，通过提供引领的解决方案，实现各方利益的最大化。

在能力构建上，互联工厂的技术体系是必要条件，标准化、精益化是其制造的基础，互联工厂需要构建自动化、数字化、智能化的制造体系。用户通过网络下单或者提出定制要求之后，需求信息马上能够传到工厂、生成订单，工厂的设备都是自动化的互联网设备，甚至设备和设备之间可以相互协同，充分体现制造体系自动化、数字化、智能化的特性。

第三，重构运营组织模式——企业小微化与员工创客化。

借鉴海尔模式，广东传统家电企业需要变革传统科层制组织运营模式，采取企业小微化与员工创客化的运营组织模式。传统科层制体现出"正三角"特点，最底层是数量最多的员工，中间层是中层管理人员，最高层是企业最高管理者，最底层的员工只能服从高层与中层命令，缺乏主动性与创造性。传统的科层组织是封闭的，且以自我为中心，此种科层组织的家电企业往往不能准确、快速地反映用户需求，竞争力式微。因此，"互联网+"背景下，广东家电企业应变革自身的组织架构，将原先像金字塔一样的科层组织变成一个网络性的扁平组织，充分调动一线员工的主观能动性与创造性，以紧密契合客户需求，实现全新的运营组织模式——员工创客化及企业小微化、平台化。

借鉴海尔模式，将原先制造企业的不同部门转变成数十甚至上百个小微企业，每一个都是独立核算的市场实体，家电集团对小微企业让渡三权：经营权、用人权与分配权。此外，家电集团转变成为小微企业提供资源与支持的终极平台（在小微企业与终极平台之间还存在为前者提供资源与支持的中间平台)。作为回报,小微企业开发出新产品,家电集团都占有一定股份。家电集团不少时候还充当风险投资人的角色,当然,小微企业也可另找风投或采取"用户支付"的方式募集资金。以小微企业为平台,每名员工都是创客,直面市场需求,创新推出契合客户个性化需求的家电产品。如海尔销售额达到数十亿元的免清洗洗衣机就是此种运营组织模式的产物。四名原洗衣机厂基层员工经过大量市场调研、广泛收集用户信息后,发现免清洗洗衣机很可能是有前景的市场方向,于是组建"免清洗用户小微",构建全新产品方案。四名员工分工如下:一人与"设计小微"联系研发;一人与"线体小微"联系生产;一人与"虚实营销小微"联系网上销售与线下销售;另一人负责全过程统筹[1]。海尔集团内的中间平台与终极平台则为此小微组织提供各种资源与支持,并占据此小微体的一定股份、享受分红。

综上所述,"互联网+"背景下,广东家电企业需要重构运营组织模式——企业小微化与员工创客化。此种运营组织模式下,原家电集团的不同部门组成不同的小微组织,以小微组织为平台,构建小微组织的每名员工都是创客,即员工成为自主创业的创新者,极大地激发了员工的主观能动性与创造性。无疑,此种全新运营组织模式的家电企业才能迅敏、准确捕捉用户需求,才能在激烈的市场竞争中立于不败之地。

第四,以互联网思维构筑互联互通、零距离交互的服务生态平台。

移动互联网时代,广东家电企业需要用"连接、分享、流动、认知"的互联网思维去构筑一个互联互通、零距离交互的服务生态平台,譬如发布服务微信公众号及相关APP。在这个平台上,广东家电企业需要构筑"一站式家电全生命周期解决方案"和"居家健康家电解决方案"的服务生态圈,为用户提供送货安装、维修、清洗、二手家电回收、置换及室内空气治理、厨房生活家电解决方案等一系列服务。

依此思路,广东传统家电企业转变成一个开放并联的服务平台型企业。广东家电企业围绕用户搭建起"家生活"的大服务生态圈,并不断吸引第三方资源进入共同为用户提供一站式家电服务和居家健康家电解决方案,这正

---

[1] 曹仰锋. 海尔转型:人人都是CEO [M]. 北京:中信出版社,2014.

是对家电企业平台化的有益探索。面对用户日趋多样化的个性需求,这样的平台化服务体系无疑将满足用户个性化的服务需求,实现用户最佳体验的升级。

(四)"互联网+"背景下广东汽车制造业服务化转型升级的具体模式与对策举措

汽车产业可采用两种服务化模式:汽车金融服务模式;驾驶者综合信息在线支持服务模式 。以下展开详细论述。

1. 汽车金融服务模式及其对策举措

多元化汽车金融服务模式是汽车企业获取竞争优势的重要手段。汽车产业发展到比较成熟的阶段后,制造领域的竞争越来越转向贸易与交易环节的竞争,多元化的汽车金融服务成为汽车产业竞争的重要手段。此模式是企业收入与利润增长的重要来源。欧美发达国家,汽车金融已发展成为继房地产金融之后的第二大个人金融服务项目,规模庞大且发展成熟。如通用汽车的财务信贷公司 GMAC 营业额超过 400 亿美元,成为通用汽车收入与利润增长的重要来源[①]。

此模式是提高汽车企业运营效率的重要途径。汽车金融通过汽车经销商库存融资和客户消费信贷,可促进汽车销售过程中批发资金与零售资金相互分离,便于进行资金管理与风险控制,提高资金的运营效率与收益率。另外,汽车金融服务可对汽车用户提供消费信贷、租赁融资、维修融资、保险等业务。上述业务以资金为纽带、以物为载体,把金融、贸易、生产、消费四者紧密结合,将银行信用、商业信用、消费信用有效叠加、扩大投资、促进销售、推动技术升级、增加资产流动性、缓解债务负担,从而提高了汽车企业的运营效率。

汽车金融服务模式相应的对策举措如下。

第一,广东汽车制造企业可成立独立化、专业的信贷公司或金融公司,这是提供专业化金融产品与服务的前提条件。

---

① 安筱鹏. 制造业服务化路线图 [M]. 北京:商务印书馆,2012:149-151.

例如，福特汽车公司成立了专门的信贷公司（FMCC），为客户和渠道商提供多元化金融服务。成立独立化且专业的金融公司，可为经销商与客户提供多样化的金融产品与服务，包括为新车、旧车和租赁车提供融资以及抵押融资和营运资金融资等，在相关法规允许的情况下，还可提供汽车保险服务。

第二，独立化的广东汽车金融公司可为客户提供多样化且专业的金融产品与服务。

独立的、专业化的金融公司可为客户提供多种汽车消费融资产品及服务。如分期付款服务，在客户与分销商之间签订一个分期付款协议，客户承诺未来支付一部分贷款，并且支付财务费用。再如融资租赁服务，近年来发达国家融资租赁业务发展速度很快，与银行、证券一起呈融资业务三足鼎立之势。汽车消费领域也可采取融资租赁方式，即客户每月返还少量车款，在合同期满后有两种选择，或购买汽车、一次付清所欠款，或交纳手续费以及超过限制公里数的费用后交还汽车。再如信托租赁服务，客户可选取不同的年公里数，交纳不同的租赁费。

第三，广东汽车金融公司在金融法规许可的前提下，可为经销商提供保险、融资、租赁和客户金融咨询计划等服务。如可提供汽车保险和财产事故再保险以及为客户提供抵押融资业务，等等。

2. 司乘者综合信息在线支持服务模式及其对策举措

汽车智能化时代来临，信息技术在汽车中广泛普及应用。20世纪80年代，信息技术不断融入汽车产品中，从最初的车载娱乐电子系统（如音响）到以机电一体化为特征的控制类电子（发动机控制等），电子控制装置已普遍应用在汽车发动机、制动系统、安全气囊控制等诸多领域，智能化趋势愈加明显。现阶段，全球定位系统、地理信息系统、智能运输系统的运用，使汽车行驶更加安全舒适，汽车司乘者可了解实时路况、收看资讯、游戏娱乐等，汽车已变成拥有四个轮子的移动互联网终端。

此外，全球智能交通时代也已来临。信息技术不仅带来汽车产品智能化，而且带来整个交通运输系统的智能化。经过多年的实践和探索，信息技术已融入交通运输体系管理、调度、收费、服务等各个环节，形成先进的交通信息服务系统（ATIS）、先进的交通管理系统（ATMS）、先进的公共交通系统（APTS）、电子收费系统（ETC）及紧急救援系统（EMS）等各类交通智能系统，构建成安全、快捷、智能、可持续的综合交通运输体系①。

综上所述，在汽车智能化时代与全球智能交通时代来临之际，传统汽车工业从单纯车辆制造、改善汽车性能转向为司乘者提供更优质服务创造条件。为司乘者提供综合信息在线支持服务及高质量信息化解决方案，已成为汽车制造业服务化转型的关键途径。

司乘者综合信息在线支持服务模式相应的对策举措如下。

第一，广东汽车制造企业可以组建专业的汽车信息服务运营公司，拟为司乘者提供综合信息在线支持服务。

如通用汽车1995年成立专业信息服务运营公司OnStar——汽车制造企业在线支持服务的先行者，现阶段的年服务收入已达10多亿美元。广东汽车制造企业可以组建专业的汽车信息服务运营公司，此种类型的公司通过整合卫星定位系统与无线通信技术，建立面向驾驶者的综合信息在线支持服务体系以及提供高质量的信息化解决方案。这将是一个可达百亿销售额的广袤市场，将成为汽车制造业下一个非常有爆发力的盈利引擎，通过此种服务化转型升级，为广东汽车制造业创造强有力的竞争优势。

第二，专业化的广东汽车信息服务运营公司应与交通管理部门、公安部门及医疗机构密切合作，为司乘者提供一系列汽车安全与救援服务。

汽车产品智能化与智能交通时代来临之际，专业化的广东汽车信息服务运营公司应与交通管理部门、医疗机构及公安执法部门合作，在车载信息系统中接入天气与交通信息服务系统、交通管理系统及紧急救援系统等各类交通智能系统，为司乘者实时提供准确的交通信息与高效的救援信息，涉及交通资讯、道路导航、紧急通报、道路救援、医疗急救呼叫及报告公安执法部门等方面内容。能为司乘者提供如此全面得力的汽车安全与救援服务，定会受到司乘者欢迎，此种服务可以采取收费的方式进行运作。

第三，专业化的广东汽车信息服务运营公司应与电信运营公司合作，为

---

① 安筱鹏. 制造业服务化路线图 [M]. 北京：商务印书馆，2012：114 – 115.

司乘者提供基于5G网络的综合娱乐信息服务。

专业化的广东汽车信息服务运营公司可与电信运营公司合作，推出5G终端，使司乘人员在车上可享受5G网络。此时，汽车已变成拥有四个轮子的移动互联网终端，汽车信息服务运营公司实质上变成了汽车信息服务运营商或电信服务转售商，为司乘人员提供集信息、娱乐、解决方案于一体的综合服务体系。如此一来，将大大提升司乘者的个人体验，增强其对综合信息在线支持服务的依赖性。无疑，此类服务采取收费方式，服务内容越广、专业化程度越高，收费愈贵。这将是一个蕴藏数十亿元价值的潜在大市场，广东汽车制造业以此作为服务化转型升级的重要抓手，不仅可获取丰厚盈利，而且可有力地增强竞争优势。

（五）"互联网＋"背景下广东通信设备制造业服务化转型升级的具体模式与对策举措

1. 广东通信设备制造业服务化转型升级的具体模式

广东通信设备制造业服务化转型模式是通信设备集成化专业服务体系模式。

随着通信设备制造业竞争愈趋激烈、不同制造企业通信设备同质化趋势日益明显、通信硬件产品本身的利润愈来愈薄，向客户（电信运营商）提供定制化的增值服务，已成为各通信设备制造企业必备的业务内容与利润增长点。而且，通信设备制造企业通过提供差异化服务可以有效地降低成本，或是提高投入产出比，为企业留出更大的赢利空间。通过提供个性化的专业服务配合产品销售，可以满足运营商个性化的特殊需求，提升产品市场竞争力。因此，基于设备的技术服务与集成能力正成为通信设备制造业激烈竞争的关键[1]。因此，通信设备制造业服务化转型模式是基于技术能力的集成化专业服务体系模式。

通信设备集成化专业服务体系模式将服务化转型作为通信设备制造企业发展的核心战略，涵盖通信设备基础服务、通信设备系统集成服务、通信设

---

[1] 安筱鹏．制造业服务化路线图 [M]．北京：商务印书馆，2012：190－203．

附录　《"互联网＋"背景下广东制造业服务化的转型升级路径探索：机理、问题与对策》研究报告

备管理维护服务与战略咨询管理服务等内容，配合此服务体系内容，还需建立面向服务业务的业绩考核新机制与企业组织管理体系，以及构建全球化的服务网络。

2. 广东通信设备制造业服务化转型升级的对策举措

广东通信设备制造业服务化转型升级的具体对策举措如下。

第一，"互联网＋"背景下，广东通信设备制造业应把服务化作为其转型升级的核心战略。

随着通信设备制造业竞争愈趋激烈、不同制造企业通信设备同质化趋势日益明显、通信硬件产品利润空间愈来愈薄，向客户（电信运营商）提供定制化的增值服务，必将成为各通信设备制造企业重要的业务内容与利润增长点。因此，"互联网＋"背景下，广东通信设备制造企业应把服务化转型作为其转型升级的核心战略：从无偿服务到有偿服务；从单一技术服务到多元集成服务；从被动保姆式服务到主动差异化服务。广东通信设备制造业应力争服务向多元化、层次化、专业化不断提升，以关注、引导并快速响应客户需求为指引，以创造客户价值最大化为宗旨，实现技术支援向服务创新、服务增值转型。总之，"互联网＋"背景下，广东通信设备制造业服务化转型升级的模式目标应是构建通信设备集成化专业服务体系模式，为客户提供不同层次的整体服务解决方案，满足客户不同层次需求，体现服务的标准化、专业化与差异化。

第二，构建集成化的专业服务产品体系。

基于通信设备的全生命周期管理，广东通信设备制造业应以电信运营商多元化需求为导向，以提供全方位集成化专业服务为重点，逐渐构建起面向通信设备市场的专业化产品服务体系，涵盖通信设备基础服务、通信设备系统集成服务、通信设备系统管理维护服务等内容。

通信设备基础服务，是指广东通信设备制造企业应为电信运营商提供通信设备运行保障服务，涵盖通信设备技术支持、工程服务与备件服务，具体包括通信设备维修、维保、更换、备件服务等维护服务，以及工程勘测、工程设计与施工、工程配件销售、工程监理等与工程相关的系列工程服务。

通信设备系统集成服务，相对于基础产品而言，又称为增值服务，是在设备安装、维护的基础上，为提升设备的性能和效率，从网络层面提供端至端的全面解决方案，提升客户对产品设备的运营能力。通信设备的系统集成服务，包括通信设备系统集成、定制服务、业务培训等着眼于客户业务能力提升的服务，同时也包括系统安全、网络优化等系统服务方案。

通信设备系统管理维护服务，是指广东通信设备制造企业应承担电信运营商通信设备系统部分或全部的维护业务，包括代理维护、设备维护包干、专人值守服务等。

上述服务业务将为广东通信设备制造企业带来新的利润增长点，并为后者赢取长期竞争优势。

第三，构建面向服务业务的企业组织管理体系与业绩考核新机制。

广东设备通信企业如把服务化作为其转型升级的核心战略，则需要构建面向服务业务的企业组织管理体系。可考虑构建专业化的服务营销管理中心，此中心可涵盖数个职能部门：销售管理部、产品行销部、销售支持部、海外服务销售部、销售策划部和系统集成部。企业在各地的办事处，设立专职服务销售经理，主要负责办事处的服务销售业务，包括具体业务的组织策划和实施，协调办事处各方面资源，达成办事处的服务销售目标。

另需构建面向服务业务的业绩考核新机制。可借鉴华为的做法，建立服务销售业绩双算的考核管理办法，即对于服务销售的收入，会被同时计入市场部相应的客户群系统部、所在办事处、所关联主设备的产品部。此种考核措施有助于激励市场部、产品部、办事处对于服务销售业务进行大力支持。另一方面，服务销售的年度目标，也从客户线、产品线与办事处三个维度进行分解，将服务销售任务纳入各部门的绩效考核之中[①]。

第四，构建面向全球的"完全本地化"的服务体系。

随着"一带一路"倡议的实施，广东有实力的通信设备制造企业都需要走出去，逐步成长为全球化企业。因此，需要构建面向全球的"完全本地化"的服务体系。可在全球设立多个技术中心、服务中心，技术中心与服务

---

① 安筱鹏. 制造业服务化路线图 [M]. 北京：商务印书馆，2012：190–203.

中心的员工基本为本地人,建立面向全球的"完全本地化"的服务体系。这一体系可通过以下几个途径实现:一是通过并购、合资或外包等形式建立全球若干面向产品服务的工作团队,将技术服务转移至高需求地区,提供高效便捷的现场服务。二是完善最贴近客户的销售网络、供应链和现场服务资源,向当地提供技术支持、设备部件供应及交钥匙工程等全方位服务。三是要面向全球建立"移动服务"新模式,我们的企业在全球产品销售重点地区建立由从业经验丰富的团队运营的移动式服务机构,及时帮助客户快速解决突发问题。服务本地化策略,是广东通信设备制造业走向全球化的杀手锏,它不但契合不断增长的本地市场需求,而且成为我们的企业不断扩大产业与市场规模、提升核心竞争力的重要手段。

后　记

  本书能够顺利出版，首先要感谢华南师范大学优秀学术著作出版基金与华南师范大学经济管理学院学术著作出版基金的资助。在此，本人对本书出版过程中给予支持与帮助的华南师范大学社科处张宏宝处长、林依老师与华南师范大学经管学院彭璧玉院长、彭连清老师、黎敏妮老师及华南师范大学财务处的同仁们表示衷心的感谢！其次，要感谢华南理工大学出版社副总编辑周莉华与编辑李秋云以及校对、装帧设计等人员，他们专业、认真、严谨的工作态度令人钦佩。尤其是本书的责任编辑李秋云老师，她对于本书的出版，付出了大量的时间与精力，在此致以深深的谢意！最后，本人要感谢本书的合作者蒋佩衿女士，她曾是本人指导的产业经济学专业硕士研究生，本书约三分之一的内容（主要是实证部分）由她撰写完成。本书的整体逻辑架构由本人单独设计，主要内容即本书约三分之二的内容由本人撰写完成。至此，再次感谢对本人给予关心、支持与帮助的各位同仁、家人与朋友，祝愿大家安康顺遂！

邓于君

2022 年 6 月